我28歲，領世界級薪水

從指考英文20分，到影響6億人日常生活的首席設計師

曾韻如——著

目錄／CONTENTS

PART II

台灣潛伏的四年：本土硬體廠設計師到國際外商設計師

PART III 決定出海：我要出國打世界盃了！

目錄／CONTENTS

推薦序／

ＵＸ職涯的冒險旅程

余能豪
台灣科技大學設計系副教授／台灣人機互動學會理事

各位設計領域的同學、即將踏入職場的準新鮮人，以及在職涯道路上感到迷惘的朋友們，很榮幸能為韻如的新書撰寫這篇推薦序。這不僅是一本關於ＵＸ職涯發展的書，更是一位學姐以自身經歷，真誠分享她如何從迷惘中找到定位，並在設計領域發光發熱的成長故事。書中不僅記錄了她的奮鬥歷程，也提供了許多寶貴的經驗與洞見，相信能幫助各位在職涯道路上找到自己的方向。

韻如是我在政大數位內容學程任教時的學生，求學時期便展現出極大的熱忱與毅力。當時台灣的使用者體驗設計（ＵＸＤ）與人機互動（ＨＣＩ）領域尚在萌芽階段，她勇於迎接挑戰，不斷學習新技術、精進新技能，並積極參與各類競賽與活動。因此，她成為我實驗室第一位畢業的研究生。她畢業後，我幾乎每年都邀請她回校演講，分享職場經驗、指導學弟妹，因而有幸見證了她從學生時期到每一次職涯轉換的成長軌跡。

這次趁著年假閱讀她寄來的初稿，彷彿時間倒流，看見當年那個小小身軀、滿懷好奇心的她，如同《薩爾達傳說》中的林克，在充滿挑戰的旅程中一步一步磨練技能，於國際市場的曠野中闖蕩、結盟，最終成為體驗設計圈中戰功赫赫的勇者。

身為老師，我始終相信每位學生都有無限的潛力，但有時心態（mindset）會成為潛力封印或打開的關鍵。韻如在書中無私分享了她的成功關鍵，包含幾種重要的思維模式：

- **成長型思維（growth mindset）**：相信才能可以透過努力、策略和學習而發展。在不確定的環境中，擁抱變動，不論專案大小都積極參與，從中累積經驗與價值。

- **利益心態（benefit mindset）**：以利他為核心思維，思考如何讓自己的行動幫助他人，促進團隊成長，並在合作中贏得更多支持。
- **海綿式吸收法**：主動尋找學習資源，從不同領域獲取知識，當累積足夠的知識後，方能建立全局視角，並在關鍵時刻發揮價值。

此外，韻如還在書中點出UX職涯發展的「技能樹」，涵蓋快速製作原型、說故事能力、跨團隊溝通、求職履歷與作品集準備要點、如何跳出舒適圈、如何在海外職場用英文溝通、設計領導與管理等關鍵技能。這些都是學校不容易教授、但對職涯至關重要的能力，身為老師，我由衷欣慰看到韻如將這些經驗整理成書，傳承給學弟妹。

書中另一個極具價值的部分，是她在東南亞市場的多年經歷。韻如曾在新加坡、日本、台灣工作，並到多地走訪出差（印尼、越南、印度），親身參與東南亞市場蓬勃發展的浪潮，深入理解當地文化與市場特性，這段經驗對未來想進軍國際職場的讀者而言，將是一份難得的參考與啟發。

韻如的故事展現了她不畏挑戰、勇於探索、樂於合作、持續成長的特質。我相信，這些特質也能啟發每一位讀者。即使韻如已有一番成就，她的旅程仍在持續，而我也期待她在未來繼續發光發熱，見證她在設計領域創造更多耀眼的成就。

敬祝各位讀者也能在職涯旅程中勇敢前行！

推薦序／

設計你的職涯，讓世界為你開門

郭蘭瑩（Lydia Kuo）
UX創意總監，曾擔任世界級設計顧問公司 Frog Design 資深設計師、
Yahoo! 全球媒體設計部資深主管

我與 Rice 相識於 Yahoo!，我們在這家美商軟體公司共事了幾年，初相識時我剛從歐洲念完書，並在上海美商公司待了四年，剛回到台灣職場，看似和她相反的路徑，但箇中滋味卻有非常多的共鳴。而我們也因為對設計與國際職涯發展的熱情，成為一生的摯友。從職場上的觀察、私下的談話，到各自跨越國界的成長，我一直深深佩服她的勇氣與行動力。當我得知她將這些寶貴的經驗寫成這本書時，心裡的第一個念頭是：「這不只是一本職涯指南，而是一個突破限制、設計人生的故事。」

書中詳實地記錄了她如何從一個對未來迷茫的設計新人，蛻變成影響千萬

使用者的設計領導者。從台灣本土企業到國際外商，從 Yahoo! 到東南亞超級 APP，她的職涯像是一場精心策劃的產品設計案，不斷透過「疊代」、「使用者研究」、「敏捷開發」，最終打造出一個世界級的自己。

我們都曾經歷那段「設計自己未來」的迷惘期。記得在 Yahoo! 的某次午餐時間，聊到職涯發展的可能性。Rice 說：「我不想只待在一個舒適圈，我想知道自己的極限在哪裡。」這句話讓我印象深刻，因為這正是驅動她跨出舒適圈、挑戰世界的關鍵信念。而她不僅說說而已，真的做到了——從台灣出發，站上新加坡、日本等地的國際舞台，帶領團隊打造影響億萬人的產品。

這本書的珍貴之處，在於它不只是分享成功的結果，更誠實地記錄了每個關鍵抉擇背後的掙扎與學習，談到如何突破台灣市場的天花板、如何克服語言與文化的挑戰、如何在全球競爭中找到自己的價值。更重要的是，她用親身經歷告訴我們：「機會不是等來的，而是設計出來的。」

如果你是剛踏入職場的設計師，這本書能幫助你理解如何規劃成長路徑；如果你已在職場多年卻遲遲無法突破現狀，這本書將是你重新思考的契機。它會讓你明白，真正的設計不只關乎產品，更關乎我們如何布局自己的追夢之路，並在過程當中用勇氣面對各種挑戰。

當我翻閱這本書時，看到的不只是 Rice 如何從台灣走向國際，而是一個設計人如何將自己打造成「世界級人才」的過程。書中詳細記錄了她如何在本土企業累積技能、如何掌握海外職場的競爭規則、如何克服文化衝擊，最終站上國際級設計領導者的位置。對於每一位設計師、創意人，甚至任何想進入全球市場的人來說，這不僅是一本關於「薪水」的書，而是一本關於「格局」的書。

對於每一位創意工作者、產品設計師，甚至任何對職涯感到迷惘的人，這本書都是一份值得細讀的「設計藍圖」，可從中獲得啟發，勇敢設計自己的職涯，讓世界為你開門。

作者序／送給在職場旅程中迷失方向的你

我在二十八歲那年，決定離開所有熟悉的一切，沒有亮麗的學歷與背景，獨自勇闖東南亞。我沒有想到這個決定，會徹底改變我的職業生涯和人生觀。這本書不僅記錄了我的探險日誌，還講述了一個關於尋找夢想、面對失敗、學習成長，並最終在 Grab 成為首席設計師的故事。

這本書詳細記錄了我如何從一個對未來迷茫的年輕人，變成在東南亞科技產業的設計領導者，影響著整個東南亞超過六億的人口。我的故事從第一次踏進新加坡開始，那裡是一片充滿機遇、挑戰與未知的地方。在那裡，我學會了如何適應一個完全不同的文化環境、如何用最破的英文在全是外國人的環境生存、如何在職場上迅速成長，以及如何在挫敗中尋找前進的動力。

在 Grab 的日子裡，我面對了前所未有的挑戰：設計一個能影響幾億人日常生活的產品。這既是一個巨大的責任，也是一次可遇不可求的機會。透過不斷的嘗試與錯誤，我慢慢掌握了在東南亞多元文化背景下設計產品的精髓。應對複雜的使用者需求、從小小的設計師到設計管理者再到首席設計師、解決跨文化溝通的障礙……等，每一步都充滿挑戰，但也充滿成就感。

這本書同時也是一本指南，送給所有在職場旅程中可能會迷失方向的人。只要你勇於追求自己的目標，並願意面對挑戰，無論是在任何一個地方，成就感總會在某個轉角等著你。

PART I

從設計總監的夢開始：成長過程的學習與累積

01／來自學霸姐姐的隱形壓力

我從小在苗栗縣的頭份鎮長大，是苗栗鄉下的孩子。我成長於單親家庭，家裡也並不富裕，媽媽在我兩、三歲時身無分文帶著我回到娘家，阿公也在我三、四歲左右時去世，家裡頓時失去經濟支柱，由媽媽、阿姨、阿婆扛起了這個家。

一直以來，即使在這樣艱困的狀況下，他們還是用滿滿的愛陪伴我成長。阿婆會每天早上五點做便當加香蕉讓我帶去學校，我都會拎著便當袋、騎著腳踏車去上學。因為我姓曾，又常拿著便當去蒸飯，大家就叫我「蒸飯籠」，久而久之大家覺得「飯桶」好像比較順口，最後乾脆都叫我「飯桶」。因為這個綽號，大家都以為我很愛吃飯，或是我做過什麼很兩光的事情，才會被叫「飯桶」。

我還記得，小時候的我學業成績並不是非常理想，甚至曾經是班上的倒數第一名。但每次只要我稍有進步，媽媽就會帶我去選一份心儀的獎品，算是一種小小的認可。這些年來，她總是以一種順其自然、鼓勵前進的態度支持我，也因為這樣的成長背景，我一直都過得很悠閒，想認真的時候認真，想探索的時候探索，我喜歡新事物，同時也不害怕變動，這樣的人生觀，間接影響到我在不同人生階段的待人處事。

從倒數第一到資優班

雖然如此，但媽媽還是希望我的學習更順利，所以跟大部分的家長一樣，選擇讓我到補習班強化英文和數學的基礎。一開始我只是抱著玩樂的心態去補習，但從國小五年級開始，我的成績開始有點起色，每次成績出來已經不再是倒數的名次，而是名列前茅。

接著進入了國中，一開始我其實受到不少老師的關注，因為我姐從國一到國三都是全年級第一名，算是全校的「學霸級風雲人物」。雖然這帶給我一絲壓力，但也給了我動力，覺得身為第一名的妹妹，成績也不能太差吧？所以我開始有點認真地讀書，我自知無法成為全年級第一名，但我還是有達成自己的里程碑——在班上拿到了第一名，也因此擔任了班長的職務。意想不到的是，國三的我還被分配到資優班！

原以為，我這樣的努力，可以讓我順利進入夢寐以求的新竹女中，但命運的門檻卻隔絕了我與理想的距離——我以三分之差，進入了我的第二志願竹北高中。生命中有很多出其不意的轉彎，有時候這些轉彎當下，會覺得人生陷入低潮，也會因此否定自我，當時的我也是如此，覺得自己應該就不是讀書的料吧，所以直接跟我媽說：「我不想繼續拚指考，我想直接去讀第二志願的高中。」

沒想到媽媽非常生氣，覺得我怎麼不再拚一下？然後就直接幫我報名了衝刺班。我心不甘情不願地去讀，乖乖度過了幾個月的讀書地獄，但最終還是沒考上第一志願，跟新竹女中仍然以兩分之差失之交臂。六個月，只進步了那「一」分。

埋沒了成績，卻長出夢想的新芽

讀不了心中的第一志願，在高中的日子裡，我不再有國中時那份追逐成績的動力。我經常把書包丟在K書中心，補習也常常翹課，然後跟朋友一同去逛街。我經常踏進誠品或7-11，翻閱設計相關的雜誌，包括當時相當熱門的《PPAPER》。該雜誌雖不僅限於設計，但其中所探討的創意與生活中的設計元素，總讓我心生共鳴。從那時候開始，我就對設計相關的雜誌非常有興趣，常常沉浸其中，甚至完全忘了時間的流逝。

即使後來大學考上資訊傳播學系後，對設計的熱情也未曾減退，不僅參與多媒體網站的專案、製作短片動畫、投身於設計工作坊，還不斷參觀設計展覽。那時，我的內心深處孕育著一個夢想，那就是到國外進修設計，並在美國開展我的職業生涯。我知道知名的設計學校都在紐約、倫敦或是舊金山，我一直想像自己可以在那邊念書，造訪以前雜誌上常常看到的博物館。曾經有位教授在咖啡廳問大家未來想做什麼職業，我直接說想要當設計總監，現在想起來真是天真，因為我當時可能連設計有什麼領域都不太了解。

其實，我們時常不清楚自己真正的興趣在哪裡。最簡單的方式，就是回顧自己以前的生活軌跡，看看自己平常會為了什麼事物停下腳步？在做什麼事情的時候會廢寢忘食？選擇三件跟這個相關的活動，把它列出來，你會發現你隱藏的興趣起點與各領域的交錯點，進而延伸哪些領域是你可以繼續耕耘的地方。

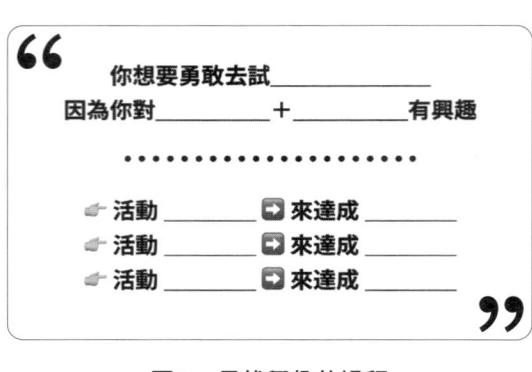

“

你想要勇敢去試＿＿＿＿＿＿

因為你對＿＿＿＿＿＋＿＿＿＿＿有興趣

••••••••••••••••••••••••

活動＿＿＿＿＿ ➡ 來達成＿＿＿＿＿

活動＿＿＿＿＿ ➡ 來達成＿＿＿＿＿

活動＿＿＿＿＿ ➡ 來達成＿＿＿＿＿

”

圖1　尋找興趣的過程

為了前進大城市的放手一搏

本來得過且過地過著高中生涯、從未過分在意成績的我，在高三的第一次大學模擬考，受到了沉重的一擊。當成績單呈現在我眼前，我幾乎無法相信那是我的考卷——五科滿分五百分，我只拿到一百六十多分，也就是平均只有三十二分！這意味著我只能考取苗栗的大學。

對我來說，這是難以接受的現實。即使我對未來還沒有明確的規劃，但我很清楚自己希望走出苗栗，至少體驗在大城市生活的感覺，但這個可怕的成績，讓我開始反思：剩下的這一年，我可以做什麼樣的改變？

考完模擬考的當天晚上，我坐在家裡的沙發發呆，然後我聽到電話響了，是高中的好友打來，她和我一樣也因成績受到了打擊。她問我是否想要和她一同參加「衝刺班」。我猶豫了，心中盤算著：我們剩下的時間真的夠嗎？然而，人生充滿不確定性，不試試怎麼知道結果呢？於是，我鼓起勇氣向媽媽提議，感激的是，可能因為這次的衝刺班是我「主動」想參加，所以她決定支持那時「看似有上進心」的我。

在五個考試科目——國文、英文、數學、歷史、地理中，我認為短時間內最有可能提高的是國文、歷史和地理，我的數學還算不錯，但每看到英文文法就忍不住睡意。我不想為了沒興趣又不擅長的科目，而忽略了其他可能進步的科目，我認為人就是要有所取捨，所以我做了大膽的決定——放棄英文！我不知道這個棄「英」保「國歷地」的策略對不對，但不實驗看看，怎麼知道結果是什麼？

當指考成績終於公布，我的心得到了暫時的解脫——我從一百六十分進步到兩百八十分！以成果來說的確是大躍進，雖然英文真的是慘不忍睹，只得了二十分，但總分的大幅躍進，還是讓我有資格填上幾間台北的學校。志願表上，我毫不猶豫地把政治大學廣告系填在第一志願，緊接著是淡江大學的資訊傳播系與元智大學的資訊傳播系。當時的我對資訊傳播一知半解，只覺得傳播學院聽起來很吸引人，而資訊科技又是未來趨勢，於是陰錯陽差地選擇了這個結合科技與傳播的跨領域科系。

這小小的里程碑讓我知道：只要擁有明確的目標和策略，保持腳踏實地的期望，知道什麼該專注、什麼該放棄，然後持續努力，確實能夠引領我們朝夢想邁進。雖然我從未幻想自己能夠考進國立大學，但這次的努力已為我贏得了一張前往大城市學習的入場券，更是我人生旅程中的一次自我超越。

02／人生第一次的 prototype

在產品設計領域，有一個詞叫做「原型」（prototype）。它代表著以最經濟的方式，迅速實現一個真實的產品概念，並透過適當的研究方法，來驗證你的設計假設。這不僅能節省開發成本，還能提升團隊之間的溝通效率。

在我人生的道路上，我認為大四那年，是我的第一次「人生原型」。面對未來的迷茫——即將迎來的畢業製作、沒有方向的第一份工作和尋找實習的壓力，我知道我需要開始做一些改變與嘗試，那些嘗試或許會影響我的人生，或許不會。我做的第一個嘗試，就是「廣投不同公司的實習機會」，測試我當時在市場的價值。

那時的我，像一隻無頭蒼蠅般四處投遞履歷，試圖在知名的廣告公司或多媒體互動公司尋找實習機會。我寄出了大約十份履歷，但沒有一家給我面試的機會，沒投過正式履歷的我沒有任何方向，除了不知道善用人脈、不知道去哪尋找資深的業界人員給予建議外，也不知道投遞與撰寫履歷的技巧，只會在一○四人力銀行的網站盲投。

現在我回頭檢視那些履歷信件，真的是慘不忍睹——用壓縮檔發送作品集、沒有描述的標題、缺乏誠意的自我介紹、長篇且古老的履歷格式……，很明顯，那時的我並沒有真正投入心力去準備這一切，難怪沒有一家公司回應。

圖2　慘不忍睹的信件內容

隨著履歷投遞的失敗，我更加對畢業製作的主題和未來感到迷茫。我覺得未來一片黑暗，不確定多媒體廣告這個領域是否適合我，也不確定自己是否有這方面的才能。

「我應該是個又沒才能、又不認真的人吧。」我腦中一直迴盪著這句話。我開始後悔大學三年的一事無成，開始覺得自己為什麼大二不先去補習，現在才開始怎麼可能來得及？

但，命運總是難以預料。一次偶然的機會下，朋友推薦我參加一個在台北當代藝術館舉辦的互動藝術工作坊。那次的體驗像是給了我一把鑰匙，開啟了我內心深處對互動藝術的熱愛。我開始覺得互動裝置這種與觀眾互動的藝術形式，比起拍片、動畫或攝影，對我來說更加吸引人。

動畫、攝影、拍片對於我來說，是對聽眾的單向傳輸；而互動裝置，則是用多媒介的方式，將參與者與裝置連結在一起，我喜歡看到參與者與裝置互動的愉悅反應。於是我開啟了大四那年的第二個嘗試——「第一次跨領域自學」。

破釜沉舟的決定

大四的我會剪片、會做2D動畫、會使用一點 Adobe Photoshop 和 Illustrator 軟體，但我完全沒有任何互動裝置的基礎，更沒有程式基礎與硬體知識，如何開始是第一大難題。但我知道，這是一個沒有退路的選擇，而且我已經跟畢業指導教授表明我要做互動裝置，不太可能隔天又換成動畫吧？

了解到這是一個破釜沉舟的決定後，我開始積極地尋找各種互動藝術的呈現方式。我去看展覽、上 YouTube 觀看別人如何製作互動原型，這些都是我在大學期間未曾接觸過的領域。因此，我需要借大量的書籍，來了解應該搜尋哪些關鍵字，才能找到與互動藝術相關的有趣作品。最後，我們團隊決定用一種我並不熟悉的媒介來完成畢業製作——多點觸控桌。

那時的我，憑著一股對未知的好奇，開始了我痛苦的多點觸控桌之旅。我每天沉浸在學習 Adobe Flash 的 ActionScript 3.0 這個我超不熟悉的程式語言，一邊努力研究如何製作多點觸控桌的設計，從觸控桌的硬體到軟體，我們都必須從零開始架設。我待在非常狹小的房間，製作著迷你版本的多點觸控桌，上網看了N個製作多點觸控桌的方法，就為了驗證不同硬體設備的原理是否正確與可行。

雖然過程充滿了挑戰和不確定，但每當看到我的作品逐漸成形，那份成就感和自我實現的喜悅就油然而生。最終，我們成功地完成了整個硬體裝置，也一起製作了幾款安裝在多點觸控桌的互動藝術展示，並用在畢業製作展覽的開幕典禮。

那一年，不僅是我學術生涯中的一個轉折點，更是我人生中一個重要的里程碑，這並不是說我變成大師或完成什麼曠世巨作，而是我進入了我不熟悉的

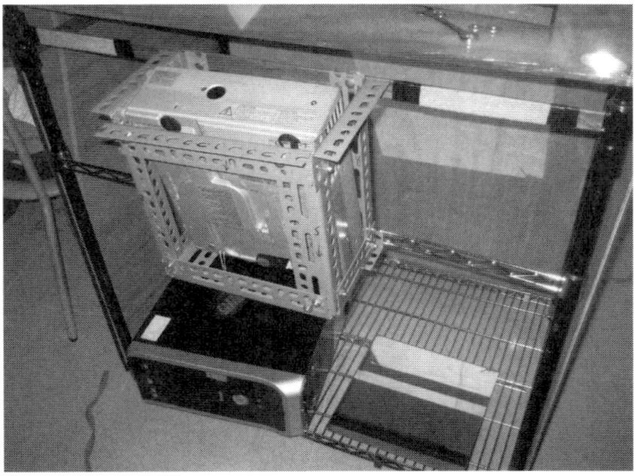

圖3　從零開始架設觸控桌，而不是用實際的螢幕

領域，從零開始寫程式、從零開始架設硬體，在狹小擁擠的出租套房裡架設多點觸控桌的迷你原型，最後思考應該做出什麼樣的呈現，讓使用者可以跟這張多點觸控桌用不同的形式玩樂，可以是酒杯形式、可以在觸控桌上彈節奏、可以瀏覽照片、可以用在開幕典禮的動畫開場……。

從那時起，我學會了在面對未知與挑戰時保持勇氣和好奇心。其實就像在產品設計中的「原型」階段，我們的人生也需要不斷地嘗試錯誤、學習，然後進步。我的畢業製作不僅是一個畢業作品，也成為了我探索不熟悉領域的「第一個人生經驗」。當我看到參觀者蒞臨展場，並在我們的作品前互動玩樂，他們當下喜悅的反應，讓我更加確定想朝這領域繼續前進。

圖4　多點觸控桌成品

我曾經在製作觸控桌硬體的過程中，因為做不出來、寫不出程式以及不知道怎麼做程式除錯，做到大半夜而崩潰大哭；也曾經因為寫不出觸控桌的遊戲軟體，以及看不懂程式碼而感到萬番挫折。如今回想起來，那年的眼淚、掙扎和迷茫，其實是我人生旅途中最寶貴的財富。它們教會了我勇敢面對自我，並鼓勵我去追尋那些即使看似遙不可及、但卻充滿可能的夢想。在生命的原型階段中，我學會了成長，也找到了自己的方向。

我拿著多點觸控桌的作品影片，面試政治大學數位內容碩士學位學程。最終，我因為這個從零開始製作的多點觸控桌，成功地拿到政治大學的門票，也開啟了我前進互動領域的道路。

掌握可控的，放下不可控的

在生命的十字路口，當我在就業與念研究所繼續深造之間搖擺不定時，我想到了一個曾經看過的模型：控制圈（Circle of Control）。這一理念最初由美國的成功學大師史蒂芬・柯維（Stephen Covey）所提出，它通常用於人生或職場上，幫助大家洞察並釐清那些他們擔心的事物，在看似無法掌控的情況下，我們實際上擁有更大的力量去做出改變。

生活中，我們關心和關注著無數的事物（最外層的關注圈），但實際上，我們能夠控制的只是其中的一小部分（最中心的控制圈）。在我們所關注的事物與能控制的事物之間，存在著另一個重要的層面——「影響圈」（Circle of Influence）。這個圈圈代表著那些我們雖無法直接控制，但卻能施加影響的事物。在這裡，「可控」意味著我們能夠直接獲得我們所期望的結果，而「可影響」則意味著我們可以對結果產生影響，但

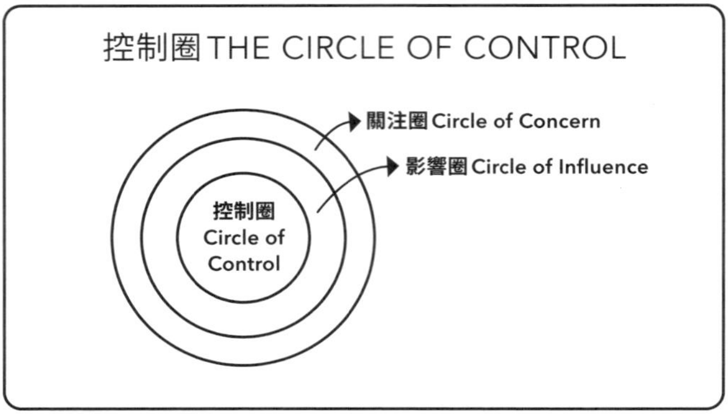

圖5　控制圈

無法保證最終的結果符合預期。

面對人生的重大抉擇或是迷惘，這個控制圈可以成為一種思考模型。你可以開始想像，哪些是你真正能夠掌控的？哪些又是只能靠努力去影響的？

譬如說，在面對人生的抉擇時，意識到自己可以規劃和控制自己的未來道路。我可以選擇在哪裡投遞履歷、如何準備面試，或者決定是否要攻讀研究所，這些都是在我控制圈內的事物，我能夠透過自己的努力和行動來影響結果。但與此同時，有些事情是超出我的控制範圍的，比如我是否能成功獲得研究所的錄取，這並非完全取決於我，而

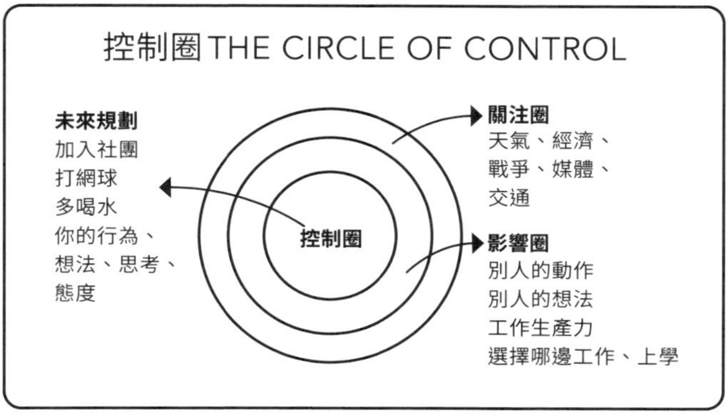

圖6　控制圈範例

是由許多外在因素共同決定的。

這樣的認知讓我明白，在生活中的每一個決策點，我都需要有意識地在「可控」與「不可控」之間找到平衡。在可控制的領域，我可以投入更多的精力和資源，不斷提升自己或是盡自己所能，當機會來臨時才能夠掌握。同時，對於那些不在我控制範圍內的事物，我可以學會試著釋放壓力，接受它們的不確定性，並保持樂觀的心態。有時候，我們需要學會隨遇而安，接受生活的不完美和不確定性，這就是成長的過程，也是我逐漸成熟的標誌。

隨著時間的推移，我逐漸理解，生命中最重要的不僅僅是結果，而是我們如何面對過程中的每一個挑戰和機遇，那段多點觸控桌的過程看似痛苦無比，幸運的是成果是美好的，而一步步解決問題的經驗，也是未來不可多得的人生歷練。不論是選擇就業還是繼續學業，我都會全心投入到那些我能夠掌控的事物中，同時也學會放手，對那些無法掌控的事物保持平和。這樣的心態，不僅讓我在面對困難時更加放鬆，也不會一味要求完美的結果。

03／英文只考二十分，也能錄取政大研究所？

很多人都很好奇，政大是台灣名列前茅的學校，對基礎學科的成績要求也非常高，而當年指考英文只有二十分的我，是怎麼考上政大研究所的呢？

其實，我的人生並沒有規劃過要念研究所，也沒有確定的志向。我只是抓住了一個機會，奮力一搏，才有了這個經驗。對於一個成績平平、大學也沒什麼突出表現的學生來說，如果沒有找到真正想鑽研的方向，繼續念研究所可能只是在浪費時間和金錢。

大三那年，我的一位高中好友提到他想考政大廣告研究所。當時，我對於畢業出路也沒有什麼明確的目標，只是秉持著不想錯過的心態，既然朋友提出了這個方向，我也來研究看看。結果發現，它比我大學念的資訊傳播更專精，而且考上政大也會是一個光宗耀祖的里程碑。基於這些原因，我決定和朋友一起準備考政大廣告研究所。

但是，我從政大廣告研究所的招生簡章中發現，筆試占比八〇%，其中英文占比二〇%。如果想要通過考試、進入政大，就必須克服英文這一關。很多人問我為什麼不選擇推甄，但推甄比較適合那些在大學期間已經為了考研究所準備了很多備審資料、並且有強大背景的學生。而我大學期間沒得過什麼獎項，也沒有相關的作品和經驗，選擇推甄基本上是自尋死路。我自己評估，這次考上的機率應該相當低，於是也做好了落榜的準備。

二〇〇九年十二月的一個晚上，當時天氣已經轉涼，我獨自待在狹小的套房裡，埋頭製作畢業作品。突然間，我腦中閃過一個念頭：「如果我對互動裝置這麼有興趣，為什麼不考互動相關科系，而是考廣告系呢？」這個念頭像是挖掘到了內心深處的志向，讓我立刻翻開招生簡章。

這個偶然的想法，讓我踏上了改變人生方向的第一步。

我發現，招生簡章把新聞系、廣告系和數位內容學程放在一起介紹。一開始我並沒有太注意數位內容，但仔細閱讀後，發現裡面的描述與我畢業製作的領域非常相似。我又查了學程官網，看到「結合傳播與資訊科技，提供了發展數位敘事、互動研究、新媒體藝術、新媒介科技創新的優質環境……」，這些描述正好打中了我的心，這不就是我一直想鑽研的領域嗎？而且學程規定畢業必須找兩個指導教授，一個是資訊領域，另一個是傳播領域，這對我來說非常新穎，也覺得這絕對會是未來的趨勢。我還看到政大數位內容的教授名單，居然有業界知名的互動裝置大師，因此我決定要全力以赴準備這次考試。

我繼續認真看了數位內容碩士學程的分數結構後，發現英文只占一〇%，專業知識、口試和書面審查的占比更高。這讓我非常興奮，因為這意味著我的專業能力可以彌補英文的不足。

同時，我也在思考，既然決心要考研究所，是否應該多試幾所學校？除了政大數位內容，我還對北科大的互動媒體設計研究所和北藝大的新媒體藝術學系碩士班感興趣。這兩所學校都是業界前輩推薦的，但當我研究起兩所學校的招生簡章後，心也涼了一半——北藝大的報名時間已過，而且我沒有獨立製作的互動作品。北科大則要考互動設計與設計概論，這兩個學科對我來說完全陌生，短期惡補應該很難。基於這些原因，我決定把這兩間學校先放在一邊，也就是今年只專心準備政大，要麼功虧一簣，要麼一次就中！

隱藏弱勢，然後驕傲地發揮優勢

考完筆試後，我對英文部分依然不抱有太大期望，因為我大部分都是用猜的，其他新媒體科目則非常有自信，因為我做了很多的研究。幸運的是，我進入了口試階段。口試當天，我看到約十個同樣來參加口試的人，我們先待在一間等候室，等待學長姐喊到自己的名字，然後就可以入場開始進行簡報。

我準備的簡報中，除了自我介紹外，還展示了我最驕傲的多點觸控桌作品。我鉅細靡遺地展示了完整的作品跟各種應用情境，其中一位教授問我：「這從硬體到軟體都是你自己做的嗎？」我回答說：「是，因為沒有相關背景，除了自己研究之外，我還會去外面的工作坊增加自己的實務經驗。」事後我才知道，學長姐們也有做過類似的作品，但我們這個多點觸控桌做得非常出色，應用也很有創意，讓教授印象非常深刻。

榜單公布的那一天，我緊張地打開電腦，查詢自己的成績，當看到自己順利考上政大的那一刻，激動的心情難以言喻。我知道，這不僅僅是因為我抓住了那個機會，更是因為我在面對困難時的堅持和努力。

在這段旅程中，我體會到幾個關鍵要點：

- **保持開放的心態**：當初我只是追隨朋友的建議去考廣告系，卻在過程中發現了自己的真正興趣。這讓我明白，有時候目標會在不經意間轉變，只要保持開放的心態，隨時準備接受新的挑戰，就會發現更多的可能性。
- **專注於自己的強項**：我知道自己在英文上不占優勢，便選擇了專業知識和口試占比較高的數位內容學程，這使我能夠充分發揮自己的專業能力，彌補其他方面的不足。

- **勇於嘗試和改變**：在發現數位內容學程更適合自己後，我果斷地改變了目標，集中精力準備這個方向的考試。這種勇於改變和嘗試的精神，讓我在面對困難時能夠靈活應對，不被困境所阻撓。
- **堅持和努力是成功的關鍵**：從準備考試到最終錄取政大，這段旅程充滿了未知，但我始終沒有放棄。每一次的努力，每一次的堅持，都是為了最終的目標。即便已經讀了廣告學，我依然保有捨棄的勇氣，專注於真正想做的事情。
- **想要成功，自身的能力不能太差（至少要中間偏上）**：除了前面提到的開放、勇氣、堅持、努力，能力還是占有重要地位，否則當機會出現時，可能也是抓不住的。知道自己哪項能力不行，就盡量隱藏這項弱勢，但知道自己哪項能力出色，就努力把它放到最大，這樣就能站穩腳步。

這次的經歷告訴我，保持開放、堅持努力、隱藏弱勢並放大優勢，是成功的關鍵，即使我的指考英文只有二十分，面對看似遙不可及的政大，也沒有輕言放棄。成功不僅僅是靠機會和運氣，更是努力和堅持的結果。

04／選擇熱情所在，同時搶占未來趨勢

選擇數位內容、結合傳播與資訊科技，在新媒體領域闖蕩，這樣的選擇，雖然剛好是我的熱情所在，但要如何在選擇熱情的同時，也與未來的趨勢結合？隨著AI時代的來臨，如果沒有在這浪潮上抓準機會，會不會擔心自己即將被AI取代？會不會擔心趕不上這趨勢的變化，進而淹沒在浪潮之下？

其實，最可怕的不是「自己沒有跟上趨勢」，而是「不願意持續學習」。以AI來說，被淘汰並不是因為AI出現而淘汰你，而是AI出現了，你卻不會使用它。

以視覺設計師為例，若能運用AI技術來加強創意發想，再以Stable

Diffusion 結合模型，用 ComfyUI 建立一個工作流程，這不僅可以在短時間內生成數以千計風格一致的圖像，還能實現整個設計流程的自動化。這樣的技術利用，與那些未引入AI的設計師相比，可以顯著提高工作效率。雖然不使用AI的設計師不見得會直接被市場淘汰，但在生產效率和創新速度上，他們可能會面臨較大的劣勢。

我也曾經覺得自己沒有處在最熱門的領域，但那又怎麼樣？至少這是我的興趣，沒有興趣的東西我是連碰都不碰。所以我們並不需要過度擔心各種趨勢的變化，也不需要過度迎合趨勢而失去自己的熱情。我們需要了解趨勢，思考趨勢可以帶給我們什麼樣的啟發與關聯，而不是立刻轉職成熱門的工程師，開始學習寫程式。

三個層面，思考熱情與趨勢的關聯

我們可以從三個思考層面，去判斷熱情與趨勢的關聯，從中找出共通性，再評估自己未來最適合的出路。這三個層面分別是：趨勢、領域與技能。

趨勢

二〇〇七年，賈伯斯在舊金山發表了第一代 iPhone，改變了人類跟整個科技圈的發展，手機APP產業隨即有了爆炸性的成長，那一年是科技與人類一次重要的轉捩點，不僅有 iPhone ，還有推特（Twitter，現在的X）、開發者協作平台 GitHub、臉書（Facebook）相繼問世。

二〇〇八年，儘管是經濟大蕭條的一年，但我漸漸感受到科技產業正在加速變化。生活中、網路上，大家關注的話題和使用的平台，逐漸從電視、電腦轉移到手機。每當在學校的圖書館或咖啡廳，我總能看到同學們在討論最新的手機應用和科技新聞，這種氛圍讓我開始嗅到了未來的發展方向——手機。就像身處二〇二四年，AI毫無疑問就是趨勢，如果連街頭巷弄的阿姨都在討論AI，那這趨勢就是顯而易見、無法忽略的存在。

在研究所時期，我是一個程式小白，只會一點 Flash ActionScript 3.0。當時的我，對於寫程式完全是一片空白，甚至可以說是完全沒有底子。然而，我深知互動技術和手機應用的結合是未來的關鍵，於是我硬著頭皮買了《Google Android SDK開發範例大全》，開始了我的寫程式之旅。

那本書全是滿滿的 Java 語法，對我來說簡直是天書。書中的範例如同一道道未解的謎題，為了破解這些謎題，我常常熬夜研究，不斷查閱資料，嘗試理解每一個細節。記得我常常卡在一行簡單的程式碼，完全無法前進，內心充滿挫敗感。在這段時間裡，我的生活變成了一個循環：白天上課，晚上鑽研，每當夜深人靜，我依然蹲坐在電腦前，眼睛緊盯著螢幕，手指飛速地在鍵盤上敲擊。

iPhone 的誕生和快速普及，意味著人們開始更頻繁地使用手機來進行各種活動，從通訊到娛樂，從購物到工作，一切都在向手機轉移。我深知，這一切都仰賴更加人性化的互動設計，和更強大的科技。如果我現在連底層的邏輯都不知道，又如何設計出真正優秀的應用程式呢？

在這段艱辛的學習過程中，我逐漸從對程式設計的懵懂無知，轉變為能夠獨立完成小型專案的初階程式設計師。

也因為擁有程式設計的能力，我在未來職場上多了一項超能力，我可以立刻理解工程師的限制，也可以輕鬆跟工程師溝通，並找到解法，還可以用我寫程式的能力，創造很酷的互動原型。

領域

我最初只是懵懂地選擇了資訊傳播科系，但對它並沒有什麼學習熱情，是直到大三那年，一位從事互動裝置研究的校友，回到學校分享他的經驗，才突然點燃了我的興趣。當時這樣的學科在台灣尚未普及，我意識到這是個黃金機會，如果能早一步進入這個領域，未來絕對會跟趨勢銜接得更緊密。

這種新興的技術領域不僅新奇，而且充滿潛力。而當我在大四偶然發現政大新成立的數位內容學程時，我正在準備政大廣告研究所的考試。我發現數位內容這個學程，正好結合了傳播與資訊科技，提供了一個學習數位敘事、互動研究以及新媒體藝術的理想環境。這剛好就是我想要深入研究的領域，也使我確信這是探索新媒介科技創新的絕佳機會。

因此，我毅然決然地放棄原本準備報考的廣告研究所，轉而報考政大數位內容學程。這個決定不僅讓我能夠更緊密地跟隨技術與媒體的最新趨勢，也為我的職業生涯開啟了一條充滿可能的新道路。

技能

「每個人都有自己的超能力」，這是我在 Yahoo! 的時候主管說的話。

當時，設計部的大主管問我們每個人的超能力是什麼。這不僅僅是一個簡單的問題，更挑戰我去思考作為設計師的我，有哪些獨特的價值和特質。那一刻，我陷入了深思：我的超能力是什麼呢？我是否只是一個能夠快速學習、但卻不專精的工具人？

我的背景融合了傳播學、動畫、互動裝置以及人機互動，這些豐富而多元的經歷，給予了我獨特的技能組合。雖然我當時只是一名初階設計師，缺乏深厚的設計理論基礎，但我卻擁有寫程式和互動設計的能力，這讓我在開發原型和進行各種創新實驗時，能迅速投入並且超越常規思維的框架。

經過深思熟慮，我確定了我的超能力是：「原型製作」、「程式技能」和「動畫設計」。這些能力使我在產品設計的初級階段脫穎而出。我也意識到，超能力並非一成不變，它會隨著時間和經驗的累積而演進。我預見自己的能力，可能會擴展到「影響團隊決策和推進計畫」這一層面。

每個人的超能力都是獨一無二的，千萬不要低估自己。當你仔細反思自己的背景、和那些曾讓人眼前一亮的時刻，你的超能力將會變得清晰可見。

判斷未來趨勢的思考框架

思考完自身熱情與趨勢的關聯後，你還必須要具備判斷未來趨勢的能力，才能夠搶占先機。以下是我當時所使用的思考框架，這些方法也幫助我在後來的職涯中，不斷探索新機會：

一、選擇和學習未來趨勢的新技能：不要在自己擅長的工具上停滯不前。在決定進入互動設計和手機應用領域後，我開始思考如何選擇和學習新的技能。首先，我確定了幾個核心技能，包括互動設計、程式設計和原型設計等。接著，我利用學校的圖書館和網路資源，查找相關的書籍、文章和課程，並參加一些實體活動，學習如何使用最新的互動開發工具，像是 Arduino、Processing、Java、Web 程式、ActionScript 3.0。這一切看似雜亂無章，這個學一點、那個學一點，但擁有全方位知識並知道如何應用的人，才是最有價值的人才。就像ＡＩ當紅的現在，最厲害的人是知道怎麼把ＡＩ當作自己強大的夥伴、並且善加利用的人。譬如說插畫設計師，懂得應用ＡＩ幫你定調好視覺風格，並知道如何訓練模組產出一致性的視覺，不僅可以加速工作流程，還可以短時間創造更多不同的視覺風格。

二、觀察技術變革：一定要透過各種方式，關注最新的技術動向和創新產品，如同當年我注意到 iPhone 的誕生和社群網站的崛起。技術變革往往是未來趨勢的重要指標。每年的 Apple、Google 發表大會都是不容錯過的活動，熬夜也要參加！

三、分析市場需求：把自己當作「生活觀察家」，看看周遭的改變，如果連菜市場阿姨都在談論ＡＩ，那是不是自己也不能忽略這些生活的變化？那時，我觀察到大家的注意力，從傳統媒體轉移到了手機平台，這意味著未來的市場需求將集中在手機和相關應用上，網頁設計只是其中一個展示管道，我們要思考的是更全方位的使用者旅程體驗，從電腦、平板到手機都是不可忽略的平台。

四、參與相關社群：積極參與相關的科技社群和論壇，與志同道合的人交流，分享觀點和見解。這不僅能夠與人互相交流，還能夠獲得更多的資訊和靈感。那時候還是程式小白的我，照樣厚臉皮地參加了 GitHub 在台灣辦的活動，現場認識了很多不同公司、甚至是 GitHub 的工程師，這些人脈連結也讓我得到很多意想不到的靈感。

回想起來，二〇〇八年是我人生中的一個重要轉折點。正是那時候，我決定投身於互動裝置和人機互動技術的研究，並在這個領域不斷探索和學習。這段經歷不僅讓我搶占了先機，還為我後來的職涯發展打下了堅實的基礎。

我們應該時時刻刻把自己放在一個「不確定」的位置，去學習、去成長、去探索，不然當趨勢在變化的時候，我們會很容易錯過，很容易安於現狀，而忘了自己可能會被取代。科技飛速發展的時代，抓住機遇、判斷未來趨勢，是成功的關鍵。無論身處何種環境，只要善於觀察、積極學習，就一定能夠找到屬於自己的道路。

05／掛著眼淚，不眠不休研究互動裝置的日子

如果問我最懷念的日子是哪段日子，我會說研究所的那兩年。那兩年不只讓我學會了技術與研究的能力、與同伴分工合作的能力，還讓我累積了「解決問題」能力的經驗值。

不要當獨行俠

研究所不像大學有超多班、超多同學，研究所一班只有十二個人，大家都是從四面八方來的人才，有些是設計背景，有些是程式背景，有些則是新聞或是圖

文傳播背景。那時候我還一臉困惑，聚集這些不同背景的人到底要幹嘛？

在經過一兩週的洗禮後，我發現這是一個專案為主的學程，不同課程主題都不一樣，有設計思考、互動藝術等等不同類型的課程，通常每堂課都會把大家分成四個小組，一組三人，每組需要在期末報告並展示成品。

在大學畢業製作的時候，我扮演的角色是獨行俠，從概念、設計、硬體到軟體，我一條龍全包，當時的我認為這是最好的方式，你可以掌握所有的技能，也可以控制成果與品質。

但上了研究所，「合作」是核心，這就像小型新創學院，每個團隊就是一個新創公司，大家負責不同的領域，一起合作想出解法並展示。

獨行俠的模式已不再適用，這裡要的是每個人都有自己的專長，能夠扮演不同的角色，也要能跟不同類型的人合作進行專案，大家一起解決問題、規劃時程、研究解法。

很多時候，大家晚上會到政大山上的數位藝術中心集合，在那裡可以看到不同團隊的人在做不一樣的研究，有時候桌上擺放著做到一半的 Arduino；有時候看到開放空間有個螢幕，連結著 Kinect，前方還蹲著一位愁眉苦臉在 debug 的同學。

有時候我就是那位愁眉苦臉的同學，因為我們在不同專案擔任的角色不一樣，有時候我不一定只專注在設計，我也需要寫程式。對，身為傳播與多媒體背景的我，也要寫程式！寫程式的過程，就是一個自己面對問題並加以解決的過程，你打出的每行程式，在送出之後都會祈禱不要有錯誤出現，有錯誤就要繼續debug。debug 就是一個解決問題的過程，但解出的當下真的會非常有成就感。

不只是我，在這個學程，十八般武藝都要樣樣精通。你要學 3D、程式、設計、思考、人機互動等等，什麼都要會。

這兩年沒日沒夜的日子，不知道多少天都是晚餐後又回到藝術中心坐著，每天背著厚重的筆電上山、下山，大家半夜還會在各種不同空間做測試、幫其他團隊拍概念影片，大家互相解決問題，這段日子看似艱苦，卻是高速累積實力的兩年。

不要設限角色

現在的苦，是為了未來累積的硬實力。有時候我們要當田野調查家，跑到雲林的豬舍去了解環境；有時候我們要角色扮演，到各種空間去體驗，用現場研究法去觀察、訪談和實驗等以蒐集數據，然後再回到實驗室討論方案。

我記得有一次，要製作放在夜店的大型投影互動裝置，參與的人可以用他們的手機，把自己的社群資料投影到牆上，經過的人如果有興趣，就可以掃牆上的條碼互相認識。

因為這個裝置，我們一群人浩浩蕩蕩，半夜整裝去夜店場勘。其中一個工程師，居然還喝醉到真的在夜店玩開！而我為了要製作在夜店的視覺特效，跑到外面學習怎麼當ＶＪ，這樣才可以完美展示在夜店搭配音樂的視覺特效。

這個過程中，大家需要有「實驗的精神」，不熟悉沒關係，就去實地體驗理解。沒學過沒關係，要找各種管道資源去變成專家。我也沒想過，自己會因為一個互動裝置，而有機會到一個舞台上當起ＶＪ的角色。

很多時候，我們會給自己貼上一個標籤，但我們為何不撕下那個標籤呢？為什麼要事先定義自己可以做什麼，而不是嘗試之後才知道自己可以做什麼？很多困難跟框架，往往都是我們自己加上去的，覺得難是因為還沒試過，搞不好你是練武奇才也不一定！

圖7　在廣場當VJ

不要被難題打敗

研究所和大學有很大的不同，大學的學習像是「輸入」的過程，從課本到講義，老師都會一步步引導你。而研究所則進入了一個以「輸出」為主的學習模式，你必須主動挖掘知識、解決問題、實現想法。這過程雖然充滿挑戰，但也讓人快速成長。

很多人問我：「研究所和大學最大的差異是什麼？能學到什麼特別的能力？」如果要說，我認為研究所的精髓在於問題解決能力，以下幾點是我在研究所累積的心法，也是應對挑戰的關鍵：

一、探詢問題的能力

在研究所，沒有人會告訴你問題的標準答案。當一個問題被丟出來時，首先需要問的是：「這真的是問題嗎？」或者，它是某種更深層挑戰的表現？例如，有一次我們的課堂專案需要用 Arduino 做出一款簡單的桌上遊戲，當初的假設是需要解決技術問題。但深入探討後，我們發現其實是遊戲設計本身需要改進，以吸引更多使用者參與。重新定義問題後，原本看似難以突破的技術瓶頸，其實成為了次要的挑戰。

二、解決問題的能力

問題的解法可以有千百種，但最佳解法往往取決於你對問題本質的理解和應對的成熟度。在研究所的日子裡，我學到如何快速拆解問題，將大挑戰化為小步驟。例如，我們有一次要用資訊視覺化的方式呈現社群狀態，初期我們卡在硬體的兼容性問題，但經過小組討論，我們把問題分解成３Ｄ組、軟硬體工程組和

圖8　使用 Arduino 讓瓢蟲跟瓢蟲在擂台上打架的遊戲

圖9　用資訊視覺化的方式，呈現參與者的社群網路狀態

視覺呈現三個部分，逐一深入擊破，最終成功完成了整個專案。

三、動手而非動口

「親自動手」（Get your hands dirty），是我在研究所時最常聽到的一句話。不要只停留在討論或想像，而要動手嘗試。很多時候，困難並不是我們無法完成，而是我們不願開始。例如，我們的夜店互動裝置專案中，團隊中沒有人真正做過夜店視覺效果，我也是第一次學習當ＶＪ。雖然一開始非常困難，但一旦踏出第一步，事情往往比我們想像的順利。

四、善用身邊資源

研究所是一個最適合向身邊的人學習的地方。教授的指導、同學的專業背景、學長姐的經驗，都可以成為我們成長的寶貴資源。有一次，我的程式進度卡住，向實驗室有工程背景的同學請教，他不僅幫我 debug ，還教了我幾個更有效的程式邏輯，讓我的程式能力大大提升。

五、找到正確的資料

研究所最大的挑戰之一，是需要自己找出有用的參考資料。無論是從學術論文、書籍，還是網路資源，能否快速篩選出有價值的內容、並內化成自己的知識，是完成研究的重要基石。

心法的實踐：從挑戰中脫穎而出

現在回想起來，研究所教會我的並不是單一技能，而是面對未知時的心態和能力。每當遇到困難，記住：先思考問題的本質，再專注於解決的過程，不要害怕失敗。因為每次解決問題的經驗，都是為未來累積的基石，而每次看似微不足道的突破，都可能成為我們職涯中的關鍵。

最後，無論身處何種環境，記住，成長不是靠天分，而是靠努力與適應力。

06／被時薪吸引，前進Yahoo! 亞太設計部門

在政大數位內容碩士班的兩年，時間在忙碌中飛逝。我和團隊成員，經常在山上的數位藝術中心埋頭到半夜，然後買了宵夜，再回去繼續把裝置完成；就連珍貴的週末，也會聚在這裡努力。

記得有一次，一位叫志傑的同學，在公共區域分享了他在台灣 Yahoo! 的實習經歷。他講述的那些福利——免費的咖啡、豐盛的午餐，以及令人難以置信的高時薪，如果我沒記錯，應該是每小時一百八十元，在當時的時薪來說，已經是非常誘人的數字，因為台灣在二〇一〇年的基本時薪只有每小時九十八元，二〇二四年才來到每小時一百八十三元。公司還經常舉辦豐富多彩的活動，如夏日派

對和教育培訓，讓我們這群研究生羨慕不已。

由於我並非資訊科技專業出身，一直以來都以為科技業與我無緣。但隨著聊天的深入，我隨口問到，那邊是否也有設計相關的實習機會？志傑回答說確實有，但在眾多實習生中，他只記得有一到兩位是設計師。那一刻，我的心中突然湧起一股衝動，我決定要嘗試申請那一年的 Yahoo! 設計部門，而截止日期只剩一個月！

我回到宿舍後，立刻開始整理我的作品集和簡歷，滿腦子都是志傑描述的那個充滿活力和免費食物飲料的工作環境。雖然我對自己能否成功有些許疑慮，但我知道，如果不試試，永遠不會知道結果。

我通宵達旦地仔細潤飾每一份過去作品的細節，上網翻看很多其他設計師的作品集，發現大多數厲害的設計師都只放一個讓人印象深刻的作品，因此我決定把重點放在我當時正在研究的畢業製作上。

我當時是碩班二年級，跟著余能豪老師的實驗室在做實體使用者介面（Tangible User Interface，TUI）的研究計畫，這是一個可以讓三到六歲兒童學習的應用程式，搭配我們設計的感知玩具，把觸覺體驗帶到平板上，讓平板缺少的觸覺互動與玩具做結合，讓小朋友可在上面學習單字。

我將這份自豪之作擺在作品集最顯眼的位置，希望這能讓我在眾多求職者中脫穎而出，因為我知道，這是我可以展示自己不同於其他設計師之處——我是個會寫程式、且有人機互動背景的設計師。我不知道這樣的策略會不會得到 Yahoo! 設計團隊的關注，因為我不是純設計背景，所以作品集也沒有很多介面設計的案例，但我知道我必須展現不同的特質，希望能在大量的履歷中獲得青睞。

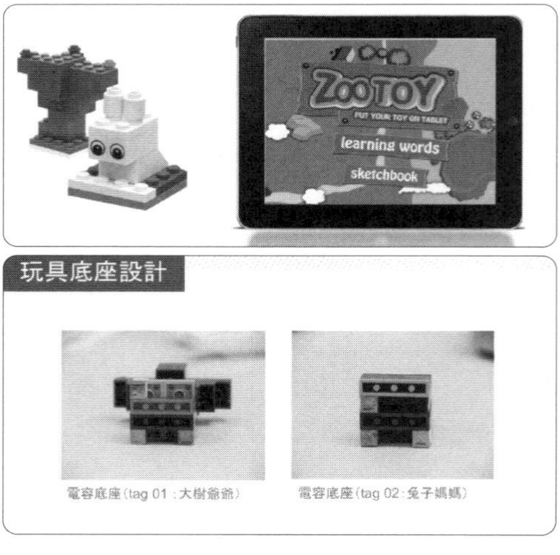

圖10　碩士班論文題目：結合感知玩具與電子書於兒童學習之互動設計

中了頭獎般的面試機會

當時，志傑還是 Yahoo! 的時薪實習生。在一次難得的咖啡聚會後，我鼓起勇氣，半開玩笑地請他幫忙內推，沒想到他真的答應了！他在推薦信中提到：「我是去年的 Summer Intern，想推薦我政大數位內容學程的同學曾韻如，應徵今年的 UED Summer Intern。曾韻如除了具備美術天分之外，由於對使用者互動介面的強烈興趣，也涉獵了一些程式基礎能力，因此在產品設計及創意發想上能有更多的發展空間，我想曾韻如應該能夠在 UED Summer Intern 的工作上有不錯的成果，希望 Yahoo! 能給她一個面試的機會！」看完推薦信後，我真的非常感動，希望我不會辜負同學的推薦，順利面試成功。

幾天後，我收到了一封來自 Yahoo! 設計部門的面試邀請信。當我看到那閃亮的 Yahoo! 標誌時，差點以為自己在做夢！想起大學時那些無疾而終的實習申請，這次的機會對我來說，簡直就像中了頭獎！

我趕緊跟人資約了最快可以面試的時間，同時也開始著手準備面試時要帶去的作品集、感知玩具與平板，這樣才可以當場展示我最自豪的作品。那時候我不太清楚設計師應該怎麼面試，以為只需要帶著數位檔案的作品展示給面試官就好，天真的我以為萬事俱全後，就是等待面試當天到來了。

面試當天，我到了 Yahoo! 位在南港區的總部報到，那裡非常漂亮，可以感覺跟一般的辦公大樓不一樣，多了一種科技公司的現代感，一切都非常新鮮。

我先在大廳等待人資，過了一陣子，就被帶到一個很舒適的小房間，門外寫著 cozy room，我想著，就是在這邊面試嗎？過了不久，進來了兩位設計師，我很緊張地自我介紹後，他們就請我分享作品集，我當下超級緊張，因為我不知道需要準備簡報！我只好尷尬地拿出 iPad，開始展示感知玩具與電子書的專案，並闡述我解決問題的過程，最後就直接把平板上的應用程式打開，並把玩具放在平板上，展示遊戲的玩法。設計師問我，是不是自己完成全部的設計與程式？我很自信地回答，除了體驗、研究、設計，我還負責硬體玩具設計、應用程式撰寫，基本上就是全端體驗了，只有底座的設計是教授的專利。展示完後，面試官一直追問還有沒有其他作品，但其實我的介面設計作品比較少，幾乎都是互動裝置藝術作品，結束後我腦中一片空白，也不知道自己到底表現得好不好。

面試結束後，我不太敢跟同學分享過程，因為我覺得有一半機率應該不會上，我當時很後悔沒有多跟設計師請教作品集的製作標準、以及面試應該如何應對，進去之後才知道跟過往的面試相差甚遠！幸運的是，等待的時間沒有想像中那麼漫長，我隔天就收到了錄取通知，當時我幾乎不敢相信自己的眼睛，所有的不安和焦慮在那一刻煙消雲散。

二〇一二年的夏天，我有幸成為 Yahoo! 為期兩個月的暑期實習生。這段經歷對我而言，不僅是一次寶貴的學習機會，更是第一次正式踏入產品設計領域的出發點。當時，我同時面臨著學業與實習的雙重壓力，尤其是七月第三週即將進行的論文口試，讓我的日程顯得異常緊湊，每天忙到天昏地暗，甚至在 Yahoo! 的使用者研究實驗室，還記筆記記到睡著！當時身體因為長期的壓力出現異常，不僅全身過敏發作，甚至免疫力失調，幸虧我論文的第一階段口試，在忙碌的七月順利通過。

用完美的成果展示畫下句點

在 Yahoo! 的實習生活一開始，我就像一塊渴望知識的海綿，尤其是在設計思考、手機使用者介面，以及產品創新等領域中積極學習。這段學習之旅的一個重要里程碑，是準備暑期實習計畫的最終展示。我們這些實習生都被賦予了一項艱鉅的任務：在一個月的時間內，必須選定並開始規劃我們的主題，以便在八月底的一個大型會議室中，向公司高層和正職員工展示我們這兩個月的成果。

幸運的是，我有機會與另一位設計實習生合作，我們的專長互補，並合作無間地推動計畫前進，雖然很混亂與忙碌，但結果非常好，我們最終用資訊視覺動畫與有創意的說故事方式，去展示我們對於亞洲年輕人社交行為的設計研究，最終得到很高的評價。

Yahoo! 是一家非常重視企業文化和團隊合作的公司。在實習期間，所有的實習生都有機會參與各種交流活動，與來自不同部門的主管們分享見解，這不僅豐富了整體的實習經驗，也讓我對職場生活有了更深的認識。在與其他實習生的交流中，我發現大多數都是來自頂尖大學的工程系所學生，他們的背景和知識，讓我感到既羨慕又有些不安，這是我人生中首次經歷所謂的「冒牌者症候群」（imposter syndrome）。

另一位與我同為設計實習生的同事，擁有扎實的工業設計背景，這讓我意識到自己在設計方面的硬知識相對不足。我們部門的主管Merola，是一位在IDEO和微軟等國際知名公司工作過的外籍人士，他和其他同事的豐富設計經驗，讓我既敬佩、又感到望塵

圖11　暑期實習計畫的最終展示，右邊是同為設計實習生的同事

圖12　Yahoo! 夏日派對

莫及。

面對這些經歷，我開始思考自己的未來。當時的我即將於二〇一二年畢業，對於自己的職業前途感到迷茫。我不確定自己是否能在實習結束後獲得一份正職工作，也不知道如何在未來幾年內，再次回到這個夢寐以求的公司工作。這段實習經歷，雖然充滿了學習和挑戰，但也讓我更清楚地認識到自己的不足，並激勵我為未來的目標努力。

07／用海綿式吸收法，展開跨領域的學習旅程

以我自己來說，我不是純設計系畢業（大學念資訊傳播，研究所念數位內容，大多在做互動藝術裝置），是因為意外的一場實習，開始了產品設計的旅程。也就是說，我從大學到研究所的過程中，已經至少轉了兩次人生方向：第一次是從「多媒體傳播」轉「互動藝術／互動裝置」，短短的兩年內，我又從「互動裝置」轉成「產品設計」。看似很簡單，但過程也是非常崎嶇。

很多人問我，不是純設計系畢業的我，是怎麼跨到設計領域？中間遇到的挑戰是什麼？我是如何跨越那些障礙的？

其實，剛開始接觸產品設計的我也像一隻無頭蒼蠅，每天在會議中常像鴨子

聽雷，聽不太懂某些特定用語。但我心裡想，如果我什麼都會，我就不會是實習生啦！就因為我是實習生，我有本錢去問為什麼，我有臉皮去從零開始。

但我也跟大多數的人一樣，在一開始接觸設計思考跟產品設計的時候，不太知道該從何下手。依循傳統教育體制長大的我，還是比較仰賴補習、或是別人直接灌輸的知識，會比較安心。但那時候蠟燭兩頭燒的我，怎麼可能會有時間再去補習？早上十點到下午六點去 Yahoo! 實習，晚上要寫論文，週末要跟指導教授開會。百般衡量下，我必須用剩餘的時間去累積實力，傳統的補習勢必不適合我，也不一定會有成效。所以我知道，除了實習工作的實戰經驗外，我只能利用網路上的文章、資源跟書籍去累積知識。

跨領域學習的挑戰

當學習的領域差異極大時，所面臨的挑戰雖然倍增，但相對地，收穫也會更加豐盛。我的學術旅程從大眾傳播學系出發，經過數位內容的深造，最終轉向產品設計，這一路走來，每一步都充滿了艱辛。傳播學與產品設計之間，一個偏重傳播媒介的生產者、生產過程及媒介本身的內容，另一個則是講求理性的產品思維與設計思考，這兩者間的距離，實如天壤之別。

回顧大學所學的新聞學、社會學、傳播理論、剪輯等知識，這些在產品設計領域中似乎顯得關聯性不大。儘管動畫與設計之間仍有一絲絲的相關性，但我選擇的產品設計之路，無疑是一條更加崎嶇、更不相關的道路。

相對於那些擁有深厚設計基礎和理論訓練的設計系本科生，我不得不從零開始，一切都需要重新學習。在 Yahoo! 的實習期間，我不僅要忙於碩士論文的撰寫，還要兼顧繁重的會議和實習任務，這讓我不禁懷疑，自己是否能成為真正的設計師？會不會沒有天分的我，在一切努力後還是一場空？

我在跟指導教授的一對一談話中，分享了當下的挫折。教授鼓勵我，也指出我的優點跟我可以發揮所長的地方，譬如說設計領域這麼廣，相關的能力不只在視覺本身，我有基礎程式與人機互動的背景，是一般設計師不會有的；我有做研究的經驗，在產品設計早期探索階段也可以發揮所長。

我們很常認為，所見即所得的能力是最有價值的，像是肉眼可見的美美介面設計，或是無可挑剔的視覺呈現，但往往忽略隱藏在角落的其他技能。那次談話之後，我從政大的實驗室走去牽車，腦中只想著：「什麼都沒有沒關係，就一點一點開始吧！」

像海綿一樣，把不會的大口大口吸！

回到家的我心一橫，立馬訂了至少十本關於人機互動與互動設計的必讀書單，像是唐納．諾曼（Donald A. Norman）的《設計心理學3：情感化設計》（*Emotional Design*）、《如何設計好網站》（*Don't make me think*）、《認知與設計：理解UI設計準則》（*Designing with the Mind in Mind*）、《交互設計之路》（*The Inmates Are Running the Asylum*）。

英文不好與預算有限的我，決定買簡體版本，這是為了快速理解產品設計領域的大致脈絡，並可以快速地在短時間內讀完所有相關基礎知識。那時的我真的沒有時間慢吞吞地累積知識，我必須像一塊海綿一樣，快速吸收、內化、轉化成可應用於職場的實力。你或許會說：「這樣的方式有點像是亂槍打鳥，怎麼可能會快速成為厲害的設計師？而且設計師不就是要設計能力很強嗎？讀這些有什麼用？」

如果說書本是武功祕笈，那實習的過程就是實戰演練的階段，譬如說當設計團隊在跑設計思考工作坊，你就會知道這個工作坊的目標、以及為什麼這樣做。那兩個月的時間如同精神時光屋，快速且有效率地激發人的潛能，並讓我可以有基礎的能力，知道我應該從何開始，以及我應該如何成長。

海綿式吸收法的另一個好處是，在大量、快速與全面地吸收所有知識後，可以產生一個全局的觀點。即使我投入大量時間閱讀關於人機互動與互動設計的書籍，成果也可能不會立即顯現，但這些知識終將在未來的某個時刻發揮價值。

我們每個人的生活經歷，無論看似平凡或是充滿挑戰，都蘊藏著無限的價值。即便過往的決定讓我們曾一度後悔或懊惱，譬如說我就非常懊惱大學前三年沒有快點找到自己的興趣並累積實力，但那又怎麼樣呢？繞了一圈，我還是找到了自己想深入研究的領域，而過去那圈看似白走的路，也已轉化為經驗和養分，讓我不斷成長茁壯。

我一直覺得，人生的選擇不會是一條平順的直線，中間也會有起伏、有顛簸、會跌跌撞撞，讓你懷疑人生，但最終一定會船到橋頭自然直。相信自己當下做的事情，即便結果不甚滿意，也是一個經驗。

一切都是未來的養分

如果說，以前學習的經驗都是為了成為未來的養分，在我人生中第一次驗證這件事的，是我的動畫跟程式背景。

我以為我大學所學，在我轉換領域之後都會不再重要，但當我們要做Yahoo! 暑期實習的最終專案時，居然派上用場了！我們當時是要用視覺化的方式，呈現關於亞洲年輕人的研究報告，如果我們選擇用粗陋的簡報，絕對不是設計團隊可以端上檯面的作品，所以跟正職設計師討論後，決定要用資訊視覺的動畫呈現。這時候我才發現，我可以運用 After Effect 的動畫技能，去呈現整個簡報。也因為這個技能，我才覺得自己原來可以對專案有所貢獻。

在跨領域學習的路上，每一次的挑戰都是對自我能力的考驗，有時候會覺得：「先學這個，是不是無法展現出更好的成果？」每每看到在海外工作的厲害台灣設計師，都會覺得自己跟對方的距離好遙遠，目標好像永遠無法達成。但其實你每一次的努力，都是對未來的投資，我總是時時提醒自己：「現在的投資，不會立刻得到成果。」兩個月後的實習結果，的確驗證了這件事……

08／蛤？我不能直接轉 Yahoo! 正職互動設計師？

兩個月的實習生活過得很快，現實也來得很快——我是一個即將畢業的研究生，也等於是一個即將失去學生身分的求職新鮮人。在暑期實習的八月底，我當時的設計主管 Joe ，很開心地到我們實習生的辦公桌前宣布：「我有事情跟你們說，是好消息！」

天真的我，內心還想著，該不會是有正職機會了吧？我甚至直接脫口問：「該不會我可以轉正了吧？」

他回：「呃，不是，是你們都可以繼續當 Yahoo! 的專案實習生（project intern），這是一個很好的機會唷！」

一想到我還是要面對現實，找工作、完成最終論文口試、做作品集等等，光想就害怕，也擔心會失敗而找不到工作。

當時我內心一直想：「為什麼無法轉正職，是不是我不夠好？到底怎樣才有正職機會呢？難道我要先出去外面再回來嗎？但出去後我還回得來嗎？」太多思緒在腦中盤旋，但當時的我沒時間思考太多，直覺告訴我一定要先待著，就算沒有正職，還有一個可以一週來學習三天、並累積實戰經驗的地方。

所以我立刻答應成為專案實習生，但我也知道這之後，我還有一千件事情要在短時間完成。我需要趕快完成論文最終口試並畢業；我需要做作品集並累積設計專業知識；我需要累積設計作品，以利之後求職有更多成績可以展示……。一切看似千頭萬緒，但一旦開始著手，我的腦中都專注在執行層面，很快就忘了 Yahoo! 當時沒有初階設計師職缺的失落感。

在 Yahoo! 工作的好處是，你可以實踐與累積作品集，做真實的專案。但 Yahoo! 畢竟是一個國際化的大公司，雖然已經轉成專案實習生，但仍不會一開始就有機會接觸完整的專案。

初階設計師的盲點

我第一個接觸的專案，是 Flickr 在 Yahoo! 首頁的幻燈片切換設計。作為一個初階設計師，最常犯的錯誤就是思考問題不周全，直接就跳下去做設計，我一開始以為這只是一個輕鬆的介面設計，應該很快就可以完成，但我並沒有思考完整的應用情境，使用者會怎麼在電腦上看？鍵盤上的互動切換要怎麼設計？大圖會根據不同情境，有不同的布局切換嗎……？二〇一二年手機已經開始盛行，響應式網頁設計（Responsive Web Design，指網站在不同的裝置和解析度都有適合的呈現）又要怎麼處理……等等。

在這次專案的經驗後，我很慶幸我接下了專案實習生的工作，即便不是一個有穩定收入的正職工作，但我可以很快速地對於未來工作會面臨的會議、狀況、討論、跨團隊溝通等，產生第一階段的全盤了解。於是，我打算在完成論文最終口試前，一定要好好在這邊累積經驗。為了未來的準備，我特地跟當初的主管約定私下的一對一談話，那次談話的目標，主要是想知道我作品集不足的地方，以及像他那種經驗豐富的設計師，作品集會用怎麼樣的方式呈現。

Yahoo! 的專案洗禮：學到的不只是設計

在 Yahoo! 的正式專案經歷，讓我第一次接觸到大規模、跨部門的合作過程。那段時間，我學到的不只是如何執行設計的硬實力，更重要的是專案中所需的軟實力，這些技能至今仍影響著我。

產出 vs. 思考：設計的本質

剛開始工作時，我天真地以為「快速產出設計」就是設計師最重要的任務。接到需求時，我的第一反應是立刻打開設計工具，把草圖畫出來。然而，在與一群優秀的設計師合作後，我開始意識到，真正有價值的設計師不只是執行者，而是問題的解決者。他們的價值來自於「思考設計」，這是任何人都無法輕易取代的能力。

比如，有一次我們的團隊接到一個在新聞ＡＰＰ內增加電影票購買功能的任務。如果是以前的我，可能會直接在設計軟體裡加上一個醒目的購票入口。然而，我的設計主管教會了我，在設計之前要學會問「五個為什麼」（5 Whys）：

一、為什麼新聞ＡＰＰ需要電影購票入口？
二、為什麼電影購票功能可以提升新聞ＡＰＰ的留存率？
三、為什麼購票功能有商業角度的價值？這個功能帶來的實際收益是什麼？
四、為什麼使用者在新聞情境下會需要這個功能？
五、為什麼新聞的使用者旅程會延伸到電影票購買旅程？

這些問題的答案，決定了設計的方向。設計不只是關於視覺呈現，而是對於使用者價值、產品策略和商業目標的多方平衡。

與人合作：信任與協作的藝術

除了設計思維，另一個深刻的體會來自於與團隊的合作。在 Yahoo!，專案通常涉及設計師、工程師和產品經理等多個角色。這要求我們不僅要在自己的領域內展現專業，還要能夠清晰地傳達設計的價值，並在意見分歧時保持良好的溝通。

我記得有一次，我的一個設計方案在設計評審會議（design review）上被工程師挑戰，認為會增加開發難度。年輕的我當時感到沮喪，但設計主管引導我用更有同理心的方式解決問題。他建議我嘗試站在工程師的角度思考，並與對方討論如何找到一個既能保留設計完整性、又能降低開發成本的方案，譬如說 prototype 就是一個很好的工具，可以幫助團隊想像這產品最終呈現的樣貌，鼓勵他們想要開發這個功能。最終，我們的溝通讓這個專案順利推進，這段經歷也教會了我溝通的力量：好的設計師不只是「設計得好」，更要能讓不同角色「相信你的設計」。

總結：給新進設計師的啟發

如果你是剛進入職場的設計師，以下幾點是我在 Yahoo! 學到的，或許能帶給你一些啟發：

一、不要急於設計，先深挖問題的本質：學會問「為什麼」，才能讓設計有更強的價值感。

二、設計不只是關於視覺，還是關於策略與目標：好的設計師懂得平衡使用者、產品與商業的需求。

三、培養溝通能力：與團隊建立信任，清晰地表達設計背後的邏輯，是成功的關鍵。

四、持續學習，突破自己：不要小看每個專案，每個專案都是一個學習的機會，累積經驗是成長最快的方式，小經驗累積多了就是大經驗。大專案不會隨時出現，但當大專案出現的時候，你一定要準備好。

專案的洗禮是一場成長的磨練。設計，不只是讓產品「看起來更美」，更是讓它「運作得更好」，這是我從 Yahoo! 學到的，也是我希望你能在自己的職涯中體會到的價值。

來到人生的交叉路口

時間過得很快，在短短五個月內，我也來到人生的交叉路口，我必須思考要繼續當實習生還是找正式工作。有時候在不同的交叉路口，我都會思索著幾個不同的可能性，而且只希望自己能選到那個最佳解答。

當時的我也是一樣，我在「繼續當 Yahoo! 專案實習生」以及「對外尋求正職機會」之間躊躇不前，如果我選擇當實習生，搞不好有一天可以等到招募初階設計師的機會，但也可能兩年後還是實習生。如果我選擇在外面工作，那我是否沒有機會回到 Yahoo! 了？總是想太多的我，總是想著如果做了 A，那 B 風險是什麼？是否會錯失什麼機會等等。

況且，跨領域自學產品設計這短短的旅程，並沒有讓我累積起足夠的自信，去面對嚴峻的求職市場，二〇〇八年後金融海嘯的衝擊還在，雖然市場上已經比當時多了一些機會，但也不是非常多，「產品設計UX／UI」或「以使用者為中心的設計」，並非各個公司與產品開發流程中的常規實踐。面對即將畢業的現實，我站在人生的十字路口，心中充滿了不確定和焦慮，最終選擇了求職那條路。

現實壓力下，我無法畢業了還在公司做兼職，畢竟台北的生活消費水準高昂，讓我無法僅憑兼職工作的薪水維生，更不用說還要負擔房租和日常開支。儘管在Yahoo! 的兼職經歷，讓我領略到了專業工作環境的魅力，以及相對不錯的薪資，但相比之下，一份提供穩定收入和勞健保的全職工作，無疑是更為合適的選擇。

大學畢業時，我還可以選擇進入研究所，為自己的未來多一段思考和準備的時間；然而，二〇一二年十一月，當我順利通過論文口試，正式成為一名畢業生時，我意識到我再也不能以學生的身分逃避現實的挑戰，因此正式踏上求職之旅。

09／職涯選擇之原來一切從零開始：工程師vs.設計師

雖然已經在Yahoo!擔任過互動設計實習生，但面對人生的第一份全職工作，我依然感到迷茫。人生的每個階段，我們都扮演著不同的角色，這讓我不禁反思：什麼樣的角色，才是我職涯的最佳發展途徑呢？

在大學時期，我一直以為自己會進入廣告業，專注於數位廣告、或做動畫跟互動網站。到了研究所，我擔任了教授的程式設計助教，開始認真接觸程式設計與人機互動。在Yahoo!實習期間，我又跳入了產品設計的世界。每個領域我都有接觸，但似乎都沒能專精。

很明顯，廣告這條路已經不再吸引我。我開始在設計師與工程師之間做選擇。

工程師無疑是一個相對穩定且保守的選擇。我可以從前端工程師做起，慢慢轉為全端工程師。這條路的薪水有保障，科技業對工程師的需求也很高。這是「這世界需要的能力」，也是「別人會付高薪請你做的事」，但是，是我擅長的事嗎？如果我選擇了世界主流的道路，那我的道路在哪？我可以長久走下去嗎？

實驗室的大神

當時，對於沒有程式基礎的我，教授建議我先擔任程式設計助教，開始慢慢累積自己的程式能力。我記得我都要比同學提前一週寫完老師出的作業，這樣隔週才可以教同學怎麼 debug。

一開始跟教授討論作業時，我真的壓力山大，當時教授說：「不然第一堂的作業，來寫一個萬年曆好了！」我說：「老師，這樣會不會太難？」其實我內心想的是，天啊，萬年曆怎麼寫啊？老師說：「我們當年第一堂資科作業就是萬年曆欸！」但我覺得這太難了，盧到最後變成寫大富翁的小遊戲。

擔任助教的真實好處，不是助教這個職位，也不是時薪，是我必須真正理解每堂課的程式概念跟架構，這樣學生抱著電腦來實驗室，我才知道怎麼教他們，而不是貼給他們一段程式碼就結束。這段助教的時光是痛苦但扎實的，也讓我理解到，「要教別人，要先內化知識並真正理解，否則都只是懂個皮毛」。很感謝老師當時給我這個機會。

碩二那年，我需要完成一個感知玩具應用程式，讓它能夠在平板上運行。即便我當過課堂的程式設計助教，也從零開始寫過一些小遊戲，但親自上陣寫一個全新的應用程式，依然讓我感到壓力山大。

我們實驗室經常與台大資訊網路與多媒體研究所的學生交流，他們會到我們這邊一起開會，報告研究進度，或是分享自己看的 paper。會議結束後，大家各自回到實驗室繼續 coding，coding 對我來說簡直是地獄，而不是享受的過程。

有一天，我在解一個程式問題時卡關，學弟也來幫忙，我們幾個人圍在電腦旁，試了無數種方法，就是無法解決。正當我們一籌莫展時，一位台大的學生看到我們的困境，就過來幫忙，結果不到十分鐘就解決了這個問題。當下我真心覺得自己不是寫程式的料，這種差距讓我心裡很不是滋味，也開始反思自己未來的方向。電腦螢幕還在閃爍著代碼，實驗室裡的燈光逐漸昏暗，我的心情也隨之沉重。

我想著，或許寫程式不是我的強項，但我對科技的熱愛和對互動設計的興趣仍然驅使我前進，我不一定要當寫程式專家，但擁有寫程式的背景，會幫助我走更遠的路。於是，我決定改變策略，不再只專注於技術層面，而是更關注科技、設計和創意的結合。我喜歡設計思考，也開始積極參與偏重設計的研討會，並與業界的設計師交流，汲取他們的經驗和靈感。

程式卡關，職涯探索反而破關

那段時間，我雖然在程式設計上遇到了困難，發現了自己的不足，但也讓我更加確定了自己的方向。程式設計上的挫折，使我重新思考自己的優勢和熱情所在，並認識到自己的真正興趣。

我決定選擇自己「擅長」且「有熱情」的領域，從產品設計師這條路開始前進。這不是一時的衝動，而是經過深思熟慮的結果。我回想起過往在執行不同專案時的心路歷程，在哪個過程中我感到最享受和最有成就感？

擔任工程師時，很多時候是自己面對問題並尋求解決方案，可以在網路上找資源，也可以向同學、教授請教。相比之下，擔任設計師時，更重要的是合作、溝通與創意，面對各種不同的問題，思考不同的解法。我發現自己更愛後者，我喜歡從頭開始主導方向，看著產品從概念到實踐的過程。我不僅能夠運用自己的創意，還能與團隊合作，共同解決問題。這種合作和創造的過程，讓我充滿成就感。

在認清自己的志向後，我決心專注於產品設計師或UX設計師，作為我職涯的第一步。這個決定讓我在未來的職涯中找到了方向，我明白，只有選擇自己真正熱愛和擅長的事物，才能在職涯中走得更遠、做得更好。

用Ikigai思維去探索職涯

回想過去這段抉擇的經歷，讓我想到「Ikigai」這個哲學，這詞源自於日本的一種生活哲學，作家埃克特．賈西亞（Héctor García）及法蘭塞斯克．米拉萊斯（Francesc Miralles）共同創作了《富足樂齡：IKIGAI，日本生活美學的長壽祕訣》（IKIGAI：*The Japanese Secret to a Long and Happy Life*）一書。裡面提到一些觀念去探索自己的職涯：

熱情（Passion）＝享受×擅長

專業（Profession）＝擅長×薪水

職志（Vocation）＝薪水×世界需要

使命感（Mission）＝世界需要×享受

我們可以看到，並不是所有選擇都能達到Ikigai的程度，更多時候是一個權衡利弊的過程。我們可以用這種思考去探索職涯，但也要記住，這只是一種幫助自己省思的過程，並不是萬能工具。主要還是要找到自己的熱情、專業、職志與使命感。這些元素並不會一次性出現，而是可能在不斷探索中逐漸浮現。

像我在做產品設計的過程中，發現健康照護的產品真的幫助新興市場的人們改變生活。在一次使用者測試中，一位使用者因為產品的幫助而落淚，當時我感受到，我所做的不僅僅是一個產品，而是能真正改變人們生活的功能。這一瞬間，我體會到自己的工作具有更深遠的意義和價值，這種使命感讓我更加堅定了自己的職涯選擇。

這種體會並不是一蹴而就的，而是在不斷地投入和實踐中逐漸顯現的。

思考職涯四葉草，找到你的 ikigai：你擅長做什麼？你真正熱愛的是什麼？能賺錢的事？你現在在做的事？你想成為怎樣的人？找到自己的 ikigai 需要時間和耐心，但當你能夠在熱情、專業、職志與使命感之間找到平衡時，你會發現自己的職涯更加充實和有意義。

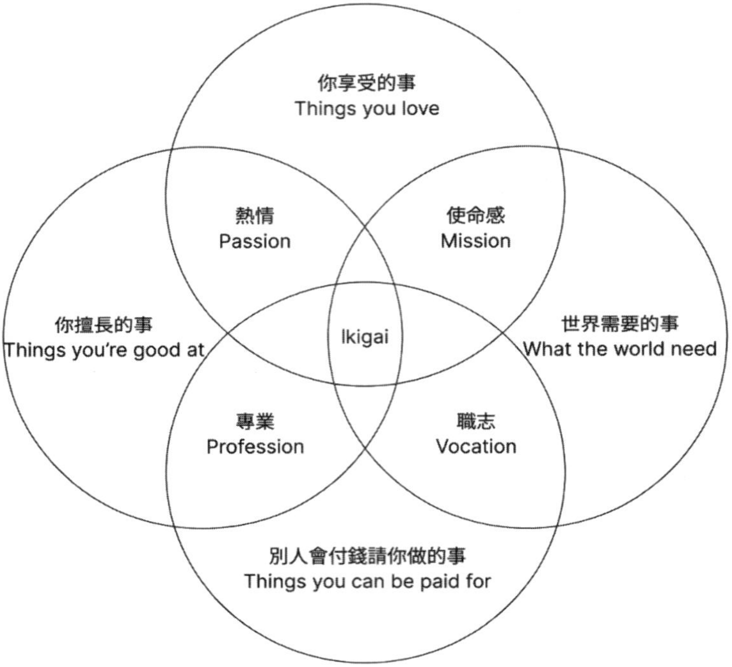
你享受的事
Things you love
熱情
Passion
使命感
Mission
你擅長的事
Things you're good at
Ikigai
世界需要的事
What the world need
專業
Profession
職志
Vocation
別人會付錢請你做的事
Things you can be paid for

圖13 職涯四葉草

PART
II

台灣潛伏的四年：本土硬體廠設計師到國際外商設計師

10／低薪不是重點，在本土企業醞釀的兩年

剛開始求職的時候，我跟所有畢業生一樣，沒有相關經驗、選擇很少，加上當時全球經濟還沒從二〇〇八年金融海嘯完全復甦，所以在人力銀行廣灑履歷，成為我每天的日常。我很清楚自己要找的就是UX設計師的工作，也知道那時候產業並沒有很成熟、這類職缺也不是非常多，知名的科技公司通常會配置設計團隊，但規模並不大，對於設計師的定位也參差不齊，有些公司甚至認為UX設計師跟平面設計師是一樣的東西！

但我有種預感，這個工作在未來會很熱門，我現在卡位算是為未來做準備。那時候，我還會跟同樣在找工作的朋友開玩笑說：「我們現在先進去這個領域，

五到十年後，就是我們資深設計師的天下了！」

可能是我有在 Yahoo! 實習的經驗與政大的學歷，很幸運地收到至少五家台灣硬體廠的面試邀約，畢竟 Yahoo! 是一家國際級的大公司，而且台灣的科技大廠蠻重視學歷，台政清交原本就是台灣的頂尖大學，所以人資在初階篩選的過程，的確會特別注意從這些學校出來的人才。台灣的學歷主義並不是都市傳說，新聞上也很多科技大廠甚至會看大學成績，或把不是這幾間大學畢業的刷掉。

當時，我在其中一家理想的公司只面試到第二關，但另外一家已經給了UI設計師的錄取通知，我當下天人交戰，因為是第一次找工作，很怕如果拒絕掉這個機會，理想的公司又沒有錄取我，那豈不是兩頭空？

多番考量後，我選擇先拒絕，因為我想先從UX互動設計師開始累積經驗，雖然UI也是一個很重要的能力，但我更希望第一份工作是從更廣的面向去踏入這領域，而且理想公司看似有完整的產品開發流程、而且工作職能也符合我想累積的工作經驗。幸運的是，一個月後我也順利拿到理想公司的錄取通知。

第一次求職的經驗在一陣焦慮中收場，過程看似雜亂無章，但其實我也花了很多心思在規劃職涯的第一步。

抉擇工作時的考慮面向

錄取雖然開心，但是打開信件得知薪水的當下還是有點失落，扣掉伙食費的基本薪資大概在三萬五上下，那時候在台北約一萬可以租到一個套房，扣掉日常生活的花費與稅務等等，一個月大概可以存個一萬。

雖然薪水差強人意，但我知道第一份工作看的不是薪水，要看是否符合當下自己的需求。我個人抉擇工作時有幾種考慮的面向：

- **個人面**：職涯成長、薪水、生活與工作的平衡
- **產品面**：趨勢產品，像是人工智慧或是區塊鏈、B2B產品、B2C產品
- **產業面**：新興市場、傳統轉型數位
- **團隊面**：文化、團隊、做事方式、新創團隊、大型組織

其中我最在意的有三大要素：「職涯成長」、「趨勢產品」、「大型組織」。首先是職涯成長，從UX互動設計師起步是一個很好的開始，可以規劃產品，也可以真正實現產品上線。再來，我想待在物聯網（IoT）相關的科技公司，因為跟我研究所所學以及未來想走的UX領域有銜接。最後，我知道我想去有組織的團隊，想理解在大型組織中如何推進產品開發，公司文化不需要到太完善。我也知道我不想當一人設計師，我希望可以跟周遭同領域的同事多方交流。最後結合種種因素，我選擇了做路由器與人工智慧家居為主

圖14　選擇方向不是一個線性的過程，通常你要衡量的面向很廣，上面幾個要素可以幫助你快速梳理清楚

的科技公司。

有些人會在探索的過程中，邊走邊定義自己的職涯以及人生曲線，有些人則是早早就知道自己要做什麼。不管是哪一種，我們都可以找到讓自己發光的點，以及漸漸知道每個人生階段重要的是什麼，有些是機會、有些是新的產業面、有些因為經濟狀況更在意薪水。我常常回頭看自己走過的路，找出整個職涯軌跡中各個階段讓自己充滿熱情的因素，因為這樣可以幫助我知道自己會被什麼因素驅動，也會知道在過往的職涯中缺少了什麼、下一階段需要累積哪一面向的經驗。

圖15　在整個職涯軌跡中，找出每階段讓自己充滿熱情的因素

這次的求職經驗中，我學習到要用謙遜的態度面對每場面試，一定要把握每次的面試機會，沒有哪邊是最好或是最不好，每次的面試都可以認識到不同公司的人、以及他們在做的專案，不只是公司面試你，你也在面試公司，也在感受哪家公司比較適合你，還可以藉此交朋友。

當然，第一次找工作最焦慮的，應該是身邊有人已經有工作，而你卻還在到處面試，這時候有能互相鼓勵的夥伴非常重要，當時我高中同學就常常跟我討論應該怎麼回覆信件、怎麼拒絕公司等等。身邊的人都是自己的導師跟動力來源，不要因為自己面試沒過而暗自憂鬱，試著把正在經歷的挫折跟別人分享，也可以從中得到意想不到的收穫。

深入耕耘，培養T型能力

選擇了自己重視的面向、和適合自己的工作後，當我已經知道要做什麼了，應該怎麼培養自己成為那領域的專才呢？對我來說，有三個階段的目標：

第一階段：累積廣度與多元探索

剛步入職場的我，像是一艘剛啟航的船，每個探索都是新的學習。我選擇投身於UX領域，不僅因為我對它充滿熱情，更因為這個領域的多元性讓我眼界大開。我讓自己置身在各種不同的專案中，從使用者研究、互動設計到視覺設計，努力理解每一個環節，希望能夠全面掌握這個領域。那是一段充滿學習和發現的時光，不同專案經驗都讓我獲得新的洞見。

第二階段：深入耕耘與T型能力的塑造

隨著對UX領域的廣泛探索，我開始進入生涯的第二階段——深入耕耘，著眼於T型能力的發展。T型人才模型強調擁有廣泛的知識基礎（橫條）和至少一項深入的專長（直條）。在UX領域，這意味著擁有利益關係人管理、設計策略、設計思考等多元知識的同時，也要深入鑽研某個領域或技能。

廣度的知識來自於了解產品開發的每個面向，從使用者研究到原型設計、從互動設計到使用者測試。而深度的專精則是在工作之餘，透過參與個人專案（side project）和黑客松（Hackathon）來實踐。我不僅能夠將我的ＵＸ技能應用於真實世界的問題，還能在過程中深化專業技能，如互動設計或使用者體驗策略。

這個階段，我學會如何在廣泛的知識和深度專精之間找到平衡，將自己塑造成為一名真正的Ｔ型人才。這不僅加強了我的專業能力，也為我後續的職業生涯奠定了堅實的基礎。

第三階段：結合廣度與深度，創造卓越

進入生涯的第三階段，我開始將累積的廣度知識和深度專長結合起來，以創造獨特的專業身分。我將在工作中遇到的挑戰和失敗視為寶貴的學習機會，並將這些經驗應用於幾個關鍵專案上，抓住機會就參加比賽，也獲得不錯的成績，逐步建立起我作為新鮮人在行業內的聲譽。

這些階段的經歷讓我明白，職涯成長不僅是技能的累積，更是一場關於自我發現和實現的旅程。每個階段都經歷了幾個不同的轉變，也都伴隨著不同的目標和探索，這不僅塑造了我作為一個專業人士的身分，也豐富了我的職涯旅程。

11／這真的是我要的嗎？在本土企業的文化衝擊

理想很豐滿，現實卻很骨感，看似有規劃的職涯，其實並沒有想像中完美。我也知道第一份工作選擇不多，不會有完美的選擇，但至少我做出了決定，終於，在漫長且充滿不確定的求職之旅後，我找到了自己的第一份工作。我也很開心地跟 Yahoo! 主管分享我找到正職工作的消息，他說要辦一場歡送會慶祝我找到工作，還要我自己去設計團隊那邊跟大家宣布，我當下真的超尷尬！

在歡送會後，我對 Yahoo! 充滿了不捨，這邊開放的文化、有活力的氣息、充滿創造力的環境跟有趣的同事，都是我難以忘懷的經驗，我帶著 Yahoo! 同事溫暖的祝福，滿懷希望地期待第一天的就職。

孤立又過時的世界

第一天工作帶給我滿滿的文化衝擊。當我踏入新公司的大門，一股截然不同的氛圍撲面而來。相較於 Yahoo! 的活力四射，這裡的空氣似乎凝固了，新人訓練的過程充滿了刻板的簡報和疲憊的聽眾。我坐在那裡，看著新同事們一個接一個打著哈欠，心裡不禁思索，這真的是我夢想的起點嗎？

午餐時間，我跟著人群走進一個類似自助餐的食堂，這裡沒有 Yahoo! 般多樣化的美食選擇，只有簡單、實惠的餐點。一邊咀嚼著平凡無奇的午餐，我一邊思考著這份工作即將帶給我的變化。

我的辦公桌位於一個被隔板圍起來的小島中，裡面放著一張基本的 L 型桌子，隔板高度剛好遮住視線，讓人感覺既孤立又封閉。我開啟分配給我的舊式 Windows 筆電，螢幕上映出的是已經許久沒見的微軟登入介面，與我在 Yahoo! 使用的蘋果設備形成鮮明對比，一切都是跟 Yahoo! 相反的配置，這邊比起設計團隊的文化較為制式一點，看似很多事但也沒什麼事的一天就這樣結束了，但也是令我難忘的第一天正職工作。

繁瑣制式的設計流程

為了快速上手，我開始翻看團隊過去做過的專案跟設計師的文件。當我深入研究公司過去的專案和設計流程時，我發現這裡依賴著過時、繁瑣的文件和規範，缺少了設計思考和創新的氛圍。設計在這裡似乎只是流程的一部分，而非創造價值的核心。

這跟我在外商學習到的完全不一樣，這邊因為要跟硬體部門銜接，很多文件都是參照硬體設計的規格，密密麻麻的設計文件中，傾向用一整段話描述整體介面的互動功能，而不是著重在產品的設計體驗本身。

我知道這是一種偏向瀑布型的產品開發方式，也知道這邊不是我可以繼續深度累積「設計思考」經驗的地方，但來都來了，就先看看吧！我也不一定要在公司才能累積我想要的廣度，山不轉路轉，我打算開始做自己的side project和黑客松。

其實在加入幾個月後，我就開始覺得自己不做點什麼，就會白白把時間耗在這家公司，所以我過幾個月還投了LINE台灣的 UX Designer 職位，但依然收到無聲卡。這次經驗後我開始回顧我的作品集，我知道我必須做點改變，我必須開始累積我的作品集。

雖然第一份工作經驗不太理想，但每一個環境都有其獨特的學習價值，而我需要做的，就是在這些經驗中尋找屬於自己的成長路徑。這份工作，雖然未必是我夢寐以求的完美開端，卻是我職涯旅程中不可或缺的一部分，教會我如何在不完美中尋找機會，如何在挑戰中發現自己的潛力。

在不完美中尋找機會

跟自己比賽，每個人都有自己的時區

相信很多人在面對不理想的旅程時，都會忍不住看看身邊的人，我也是。我

看到有人拿到夢想公司的 offer，有人一畢業就出國留學，有人甚至已經創業成功。不是說完全不要去關注外界，而是希望你不要因為這些比較而慌張。你可能會覺得，為什麼別人都走得這麼快，自己卻好像還在原地打轉？

這時候，請記住：每個人都有自己的節奏。就像飛機起飛，每架飛機都有自己的航班時間，你不會因為別人起飛了，就覺得自己的旅程毫無價值。我們要做的不是盯著別人的時區，而是跟自己比賽：今天是否比昨天進步？自己是否正在朝著目標前進？焦點應該放在自己的成長曲線上，而不是別人的成就。

不要怨天尤人跟自我放棄，主動向外累積經驗

當第一份工作不如預期時，最忌諱的就是怨天尤人或自我放棄。機會永遠是留給準備好的人，而不是留給抱怨世界不公平的人。如果不趁現在累積實力，等到真正的機會來臨時，可能就來不及抓住了。

我當時的做法是，先盤點自己的不足：是專業技術不夠扎實？還是缺乏跨領域的視角？一旦找出這些問題，就立刻採取行動。我開始積極參加設計比賽、參與社群活動，甚至利用下班時間旁聽其他領域的課程。我不追求一次就能拿到多亮眼的成績，但每次小小的進步，都讓我離目標更近一步。

同時，我也試著尋找可以一起成長的夥伴。比如說，比賽中結識的朋友，或者社群活動中遇到的設計師。這些人不僅是未來的合作對象，也可能成為你職涯路上的加速器。當我們的日常環境無法提供成長的空間時，向外尋找突破的契機是最佳策略。

設定停損點，清楚自己的目標

一份不理想的工作可以是一時的過渡，但千萬不要讓它成為你的長期舒適圈。有時候待得久了，會不自覺地適應這種狀態，甚至說服自己：「其實這樣也不錯！」「是不是我太貪心了？」「下一份工作真的會更好嗎？」這些聲音會讓我們陷入自我懷疑，讓原本的目標模糊不清。

所以，最重要的是設定停損點，並時常提醒自己：我想成為什麼樣的人？在這家公司，我能學到什麼？我想達成什麼樣的目標？例如，我給自己設定的停損點是：如果一年的時間內，這份工作沒有幫助我提升技能，也無法拓展職場資源，那我就需要重新評估是否該留下。

在這個過程中，我很感謝過去的經歷讓我打開眼界，特別是當我意識到自己不應該為眼前的短期安逸妥協時，我的心態也變得更加清晰。有目標地提醒自己，時刻關注自己的長遠成長，而不是讓當下的安逸誘惑拖住你的腳步。

12／職場小白百寶袋

我跟剛畢業的很多人一樣，沒有很多「真實上線」的作品集，也沒有所謂的「豐功偉業」，我不是設計師出身，也沒有拿過什麼知名設計獎項，像是紅點、德國ｉＦ設計獎、美國ＩＤＥＡ設計獎、日本Good Design Award，這全部都是我夢寐以求的獎項。

所以，當時的我想的只是，想要得一個設計獎項證明自己，然後在眾多求職者中脫穎而出，想在我的履歷上多一個閃亮亮的標籤。但什麼都沒有的我，要如何做呢？畢竟沒有真實上線的作品，不僅很難評估實際的產品開發經驗，也缺乏實際的說服力。

很多職場小白會說：「我好弱、經驗不足，怎麼樣也比不過有三年工作經驗的前輩！」沒有人天生就什麼都會，那些我們覺得閃閃發亮的設計師，也是從小白變成的。我們能做的就是去改變、去累積自己，並在同樣是「小白」的圈圈跳脫出來，展示自己的獨特性。

楷模的重要性

身邊的人有如一面鏡子，將其拉得太近，就會影響你的視野。每個人都有自己的節奏，有人需要五年去探索自我，有人則需要十年。但無論如何，別只盯著那些「看似很閃亮」的人，比如拿過五個iF設計獎的大神，就認定自己永遠比不上他們。我們無須否定別人的傑出，但也不應妄自菲薄。

祕訣就是：「設定一個遙不可及的楷模（role model），走著自己的時區，活出自己的節奏。」

楷模猶如一個人生目標，就像我們加入公司後會為自己訂下一年的目標，並規劃實現之路；公司也會每季設定業績關卡。那麼，我們這些小白何不也找幾個楷模，時不時打開他們的網站，窺探未來的自己？

常常留意那些大師們的作品發布、趨勢分享，甚至試著模仿他們的設計風格，久而久之，你就能掌握到行內的標準了。

善用一〇%時間做 side project，展現創造力

在畢業後的職場旅程中，學會如何有效利用自己的時間進行 side project，是非常重要的一環。這些額外的專案不僅能夠展現你的創造力，還能大幅提升你的職場競爭力。

想像一下，如果你在工作之餘，每天抽出一個小時來進行 side project，那麼一年下來，你將累積高達三百六十五小時的實戰經驗。這等同於用將近五十二個工作天，不斷磨練與提升自己的技能。

所以，當時的我決定替自己設定一個衝刺挑戰。我需要從零到一做出一個概

念想法，並投遞到各大知名比賽，目標是在職涯的第一年交出一個里程碑或代表作。我不是每天進行一個挑戰，而是把它當成一個大專案去執行，用衝刺的方式在一個季度完成，並拿去比賽。

那時候我真正落實了「親自動手」的精神，找了另一個文案能力比較強的朋友一起發想產品的願景，如果真的不錯，就有可能把產品做出來！我不僅可以從零到一訓練自己，還可以說明設計概念，凸顯出我的創造力與設計願景的能力，即便沒有「上線產品」的經驗，也有「落實想法的能力」。這種訓練，不僅可以展現整個產品設計思維，還可以看出我作為新鮮人的「主動性」。

在選擇專案主題時，我問了自己幾個核心問題：

我對這主題有沒有興趣？

我要解決什麼使用者的痛點跟需求？

如果真正上線了，跟其他競爭者的差異是什麼？價值主張有什麼差別？亮點是什麼？

我能享受這個創作過程嗎？

最終我們選擇了寵物相關的主題——Pemory。這是一款專為當前或未來的寵物主人設計的概念應用程式。我們的目標是幫助使用者解決生活中可能遇到的寵物相關問題，並防止寵物主人輕易放棄自己的寵物。

那時候我跟夥伴發現：近年來，台灣的流浪動物數量不斷增加，這會造成公共衛生、環境和相關社會問題。政府為解決這些問題採取的策略，是捕獲這些動物並將牠們關在收容所中，如果這些動物在十二天內沒有被領養，就會遭到安樂死（編注：後來《動物保護法》已修法中止此規定）。作為寵物愛好者，這對我們來說是非常悲傷的情況。我們想知道為什麼人們會拋棄他們的寵物？我們希望找出流浪動物問題的關鍵洞見。此外，我們希望提出一個新的解決方案來改善這種情況。

以此為出發點，我從概念、背景、痛點、訪談、原型製作到最後的概念影片都從零開始做，最終，我們在隔年投遞了 2014 IxDA Award 跟 iF Concept Design Award，雖然都只有入選跟前三百名的成績，但我對於這個成績很滿意，因為這是我從沒有過的經驗，也大幅提升了我的設計能力。

面子重要嗎？

如果別人問我剛畢業最不重要的是什麼，我一定會說「面子」。

當你埋頭苦幹、熬了幾天幾夜做出概念作品，但不知道怎麼推銷自己跟蒐集意見，就如同沒做一樣。「主動向資深的人請教」、「主動蒐集他們的想法」、「察覺自己缺點的能力」是非常重要的。不管你收到的是正面還是反面的回饋，對於小白的我們而言都是重要的「養分」。

由於這份作品的緣故，我鼓起勇氣找到了當時 Yahoo! 的高層，希望聽

圖16　Pemory概念影片
https://vimeo.com/75321046

聽他對我作品的看法。出乎意料的是，他非常欣賞我的概念，甚至邀請我回到Yahoo! 的設計團隊，與其他同事分享這份作品。

收到訊息的當下我興奮到睡不著，我知道這是一個小里程碑，至少我跨出了第一步。而因為在二〇一三年底 Yahoo! 黑客松冠軍與這個作品的關係，我有了回鍋 Yahoo! 的希望。

說故事的魔力

初階的設計師常有個迷思，認為脫穎而出的關鍵在於「漂亮的介面與作品展示」。這點很重要沒錯，但你可以比別人更突出的關鍵在於「說故事的能力」。

什麼是不敗的說故事元素？

一、背景與動機：為什麼你要選這個作品？跟你的生活有什麼關係？因為是概念作品，動機就非常重要。如何引導看的人進入你的故事？你希望解決什麼關鍵問題？這不僅是闡述你選擇這個主題的原因，更是展示它與你個人經歷或情感的連結。例如，在 Pemory 的案例中，動機是解決流浪動物問題，這個問題與社會責任和個人對寵物的熱愛相關。

二、清晰的問題陳述：一個好的故事能夠明確指出它試圖解決的問題。這關乎故事的核心，即你的設計要解決的關鍵痛點是什麼。說明這一點，可以幫助聽眾理解你的設計意圖和其重要性。

三、設計思路：你如何思考問題？有哪些假設？有什麼可能的解法？因為你不在產品團隊，那你怎麼決定是這個方案的？決定的原因是什麼？

四、具體展示：雖然說介面展示不是唯一，但還是一個「吸引目光」的關鍵，不能連概念都很陽春吧？陽春的定義是連基本的手機介面元素都沒有到位，這樣面試官一定會三秒失去興趣。

五、敘事技巧：介紹設計時，利用敘事技巧來加強你的陳述。利用圖像、動畫或其他視覺元素來強化你的論述，是很有影響力的。例如，在 Pemory 的案例中，透過動畫和創意的視覺展示來吸引觀眾，讓他們不僅看到靜態的介面，而是能夠動態地體驗產品的故事。

六、情感連結：絕佳的故事總是能夠觸動聽眾的情感。講述你的設計如何影響真實的使用者，或者它如何反映更大的社會問題，這樣不僅能展示設計的功能性，也能顯示其深遠的影響力。

在設計和展示你的作品時，以上每一點都至關重要。這不僅僅是為了展示一個美麗的介面，而是要講述一個有說服力的故事，說明你的設計如何解決實際問題，以及它為何對聽眾或使用者至關重要。這種故事講述的能力將顯著提升作品的吸引力，讓你在同行中出類拔萃。如果說想法是一切的基石，說故事的能力就是跟世界溝通的橋梁。

13／我拿到外商入場券啦！

我常常到一些地方分享，也很常收到類似的問題，其中最多的問題之一就是：「作品集如果不夠多怎麼辦？」

這個問題，其實要回到我們自己本身。我不是典型設計背景出身的人，但當我決定要走產品設計師這條路的時候，我就開始思考作品集不夠多的情況下，我該怎麼快速累積作品集，對此我採取了兩種策略。

首先是被動累積，即利用日常工作和參與的專案經歷，逐步建構作品集。每一個專案、每一份工作，都是幫作品集添磚加瓦的過程。

其次是主動出擊，我積極參與各類 side project 和黑客松活動，使我在剛步入社會的頭兩年裡，始終處於學習與挑戰的狀態。我投入各種社群，不斷尋找合作和參與的機會，每當發現有趣的活動，總是第一時間分享給朋友，問他們是否有興趣。雖然是設計新鮮人，但也正因為剛出社會，會急切地想驗證自己的極限，想知道是否可以在短時間內累積一定數量的作品。

黑客松小白初體驗，失敗是經驗累積的第一步

二〇一三年各種軟體公司跟新創公司崛起，很多大大小小的黑客松在台灣蓬勃起來，也有很多國際大公司看到台灣的軟體開發潛能，前來台灣舉辦黑客松活動，不僅能挖掘人才、激發創意，對於參與者而言，還可以提高職涯的能見度。參與的團隊有些是已經在創業的團隊，有些是臨時湊出來的團隊，但不管什麼性質的黑客松，都吸引一大群人踴躍報名。對我來說，這種結合黑客（Hack）與馬拉松（Marathon）形式的「限時產品創作」活動非常有吸引力，唯一的問題就是：是否有能一起做黑客松的隊友？

我還記得自己首次踏入黑客松的世界，是 Evernote 在台北舉辦的一場設計主題黑客松。當我得知這個活動時，就非常興奮地邀請在 Yahoo! 實習的朋友一同加入。活動現場擺滿了各式各樣的大桌子，每一桌都代表著一支隊伍，每個報名的參與者都會得到 Evernote 送的禮物包，裡面有筆記本、文具、袋子等等，現場還提供滿滿的零食和飲料。在持續兩天的黑客松中，你會看到許多隊伍夜以繼日地工作，夜深人靜時仍圍坐在一起，邊吃宵夜邊熱烈討論，或是有人蓋著毯子就睡在那邊了。

我們本以為 Evernote 的設計黑客松將是設計師的天下，然而現實卻大相逕庭。場內不乏一些成熟或知名的團隊，是由數名工程師配合一名設計師或專案經理組成。作為黑客松新手的我們，在初步概念尚未成形時就急匆匆加入了戰局，直到活動尾聲，面對迫近的截止時間，我們才驚覺：「天哪，只剩兩小時了，該怎麼辦？」時間的分配至關重要，我們深刻體會到這一點，並自知與那些條理清晰、引人入勝的驚豔簡報相比，我們這次恐怕只能期待安慰獎了。

這次的經歷雖然結果不盡如人意，但卻是一次難得的學習經驗，大家最後一起在 Evernote 設計黑客松會場拍了張照當作紀念。這次的經驗讓我們明白，在這樣的競賽中，團隊的協作、說故事的方式、創意、時間管理以及臨場應變能力同樣重要。表面上雖然是二十四小時的活動，但事前準備比現場反應更重要。這不僅是一次技能的鍛鍊，更是團隊協作和應變管理能力的一次實戰經驗。

幾次失敗後的教訓，一舉拿下黑客松冠軍

雖然已經離開 Yahoo! 將近一年的時間，但我還是時時刻刻關注著 Yahoo! 舉辦的任何活動，也會盡力找機會去參加，並常常跟之前的同事們保持聯絡。這時時提醒我要記住自己的目標並持續進步，這樣才能早日加入我夢想中的公司。

二〇一三年十一月，Yahoo! 舉辦一個年度網路開發盛事「Yahoo Hack Taiwan 2013」。那年報名人數達兩百組、共近七百人，跟前一年相比成長一倍，創當時的歷史新高，在二十四小時不斷電的活動中，挑戰完美結合程式開發及UI／UX設計的創新作品。當時第一名的獎品是 Macbook Air 十三吋電

腦，得獎的團隊每位成員都可以得到一台。衝著這個獎項，我立刻拉著朋友們組隊報名。

由於上次慘痛的經驗，設計比賽還沒開始，我們就已經提早幾週討論點子，並研究可以怎麼實踐在產品上，我們汲取教訓，這次並未將目標訂得過高，而是輕鬆地討論方向，主要是好玩跟貼近 Yahoo! 的題目為主，甚至開玩笑地設下拿到第一的豪語。我們明白雖然黑客松不允許提前動工，但事先有個清晰的藍圖，對於在接下來的二十四小時內有效率地執行計畫至關重要。這次的組合分工非常明確，我是設計師角色，另一位是產品經理，剩下兩位都是工程師。

這次的活動強調，使用者經驗與需求非常重要，所以我們必須挖掘跟解決日常生活中會遇到的問題，這個問題不用太大，但主要是有沒有思考使用者的需求與實際解決問題。我們當時的作品叫做「Good Lock」，讓使用者在忙碌或會議時刻，自動鎖定與控制訊息通知功能，輔以便利的使用者介面。在那二十四小時內，我們合作無間，各司其職。我專心於設計，專案經理同時準備好簡報的框架，等待工程師完成後就能立即嵌入展示。當第一天的工作告一段落，我們幾乎筋疲力盡。我完成了自己的部分後先行休息，而我們的工程師則繼續挑燈夜戰。

第二天大家休息足夠回到現場，可以發現很多團隊都蓄勢待發。最後到了大家輪流上台的時間，我們用影片展示了作品的概念，後面輔以APP的模擬操作，最後再強調我們的應用情境，就結束了這回合的報告。

因為現場也看到很多豐富有趣的作品，當下我們沒有想太多，只覺得很多團隊是正式的公司，思考跟展示又都非常成熟，得名的機率太小太小了。所以當他們公布完第三名跟其他獎項的時候，我們團隊已經開始收拾東西準備回家了。結果當他們公布第一名的時候，居然叫到我們團隊的名字！在 Yahoo! 大廳的現場，鏡頭全部轉到我們這個角落，全場瞬間充滿掌聲和歡呼，團隊成員面面相覷，愣了一下子才意識到要上台，大家驚嚇兼驚喜地上台領獎，一直到領完獎下台，心情都還沒有平復。

比賽結束後，我有機會跟 Yahoo! 的設計主管聊到我的近況，他也表示 Yahoo! 之後會開始有新的職缺，我可以到時候再試試。我當下非常感動，沒想到這次的黑客松得到再次面試 Yahoo! 的機會。

現在回頭看，真的不要貶低自己，也不要被一次次的失敗經驗打擊，每次失敗都在練習成功。在之前每次黑客松，我都在練習用不同的方式說故事，也在練習怎麼跟不同背景的人合作。這緊湊的二十四小時，差點以為什麼都沒有了，但卻在最後得到意外的驚喜——首獎。

圖17　黑客松得到首獎

14／從本土到外商的障礙

二〇一五年，我迎來了人生的一個重要轉折點——成功從台灣本土公司跳到了夢想中的國際外商 Yahoo!，薪水也從第一份工作的三萬五躍升至六萬，辦公環境從封閉的小空間變成了開放式的跨國科技公司。那些曾經覺得遙不可及的蘋果 Mac 和超大螢幕，都成了日常工作的一部分。

看似一切都在升級，但在這光鮮的背後，挑戰卻從未停止。儘管過去我曾在 Yahoo! 有過實習經驗，但正式成為這家科技巨頭的一員，所帶來的挑戰與責任，遠遠超出了實習的範疇。我清楚地知道，這裡匯聚著各路高手，作為一個從本土公司走出來的初階設計師，進入這樣一個國際化的環境，意味著我要面對全新的工作方式、溝通文化，以及更高的期望。

那時的我，心中不禁想著：我能否適應這樣的環境？我能否在這群高手如雲的團隊中站穩腳跟？即便一切都不熟悉，但我有面對障礙的勇氣。

障礙一：領導力

剛到新公司不久，主管便告訴我，我將負責購物中心的APP設計。我驚訝地問：「一個人負責整個APP的設計嗎？」

他輕描淡寫地回應：「對啊，現在你就是購物中心的設計師。他們的每日例行會議（daily standup）和每兩週的團隊會議（bi-weekly planning）你都要參加喔。」

這時我才意識到，這份工作遠不止是單純的設計任務。主管接著補充：「我們是產品的主人，要對產品負責。設計師不再只是執行者，而是要與產品經理一起引領產品方向。」

這句話在我腦海中久久揮之不去。當時，我已經對不同文化下的工作方式有了一定的適應，但這種「擔任產品主人」的觀念，仍讓我感到有些不適應。

在我生涯的前兩份工作中，我的角色大多是螺絲釘式的執行者，對產品的全面策略並沒有參與感。往往，我會收到一個具體的任務，例如設計路由器雲端的攝影機功能，然後按照要求寫出互動設計流程文件，再將這份文件交給下一個環節的同事。至於產品最終如何實踐、如何與其他功能協作，我都無從知曉。

但現在，作為「產品的主人」，我開始需要對產品的整體負責，理解為什麼團隊此刻要專注於這些重點、為什麼產品需要現在做出這些功能，並且要與其他團隊的設計師合作，確保設計的一致性。這種責任感讓我感到前所未有的壓力，但同時也給了我一個絕佳的機會，去訓練自己的領導力。

漸漸地，我開始在會議中積極發表對產品的意見，並主動推動一些我認為有趣且有潛力的設計概念。我意識到，這不僅僅是做設計，而是主導產品的發展方向，這種主動性和責任感，讓我開始真正理解什麼是領導力。

障礙二：主動性

在過去的工作中，主動性這件事並不是必需品。當時，我的生活節奏非常規律——朝九晚五，下班後可以放下工作，安心享受個人時間。這種生活與工作的明確分界讓我感到安逸，但也讓我不時產生一種疑問：「如果一直這樣下去，我會不會就這樣過完一生？」

然而，進入外商的工作環境後，我發現這裡的文化完全不同。在這裡，主動性是不可或缺的一部分。公司要求你八〇%到九〇%的時間專注於核心專案，但同時也大力鼓勵你在剩餘的時間裡，投入自我學習或是開展 side project。你可以發起一個小型讀書會，也可以成立一個小小的創業團隊，去推動那些讓你感興趣的創意專案。

Yahoo! 的黑客松文化，便是這種主動性的最佳展現。每當黑客松活動臨近，公司裡的氛圍就變得異常熱烈。還沒開始比賽，大家已經開始摩拳擦掌，四處組隊，腦力激盪出各種創意點子。我清楚記得有一次，我和老闆還有幾位工程師組隊參加，提出了一個將字典體驗視覺化、讓使用者更為沉浸的創新概念。

那次比賽，我們不僅贏得了獎項，結束後大家仍然對這個專案充滿熱情，積極推動它的誕生。雖然最終這個產品並沒有上線，但這段經歷卻成為了我職涯中難能可貴的回憶。它讓我看到，主動性不僅僅是完成工作，而是讓你主動去探索、去創新、去打破常規。

在這樣的環境中，我學會了主動追求學習和成長，不再等待

圖18　2015 Yahoo! Q3 Global Hack Day - Yahoo's Choice Award
https://vimeo.com/153593904

機會，而是自己去創造機會。這種主動性，讓我的職涯變得更加豐富和有意義，也讓我感受到工作的真正價值。

障礙三：OKR思維

在我進入外商之前，對於OKR（目標關鍵成果，Objectives and Key Results）這個詞並沒有太多的了解。在本土企業中，工作的衡量標準通常是基於「完成了多少任務」或「做了多少專案」，更像是KPI（關鍵績效指標，Key Performance Indicators）的模式。只要按時完成分配的任務，就算是達成目標。然而，當我進入外商工作後，發現這裡的績效衡量方式完全不同。

作為產品設計師，我不再只是完成任務，而是要深度參與到公司的整體目標中。我們的成功不僅僅是「做了幾個專案」，而是要看這些專案如何影響公司整體的OKR。OKR是一種將組織目標和個人貢獻緊密結合的方法，確保每個人都在為同一個方向努力。每個季度，公司都會定義明確的OKR，這些指標為所有產品線設定了具體的成功標準，讓團隊的每一步行動，都與公司的長期願景和策略目標保持一致。

回想在本土企業工作時，情況完全不同。我的直屬老闆會每兩週分配進度，但對於為什麼要做這些事情、這些任務如何與公司整體策略相關聯，這些訊息大多不透明。我們往往只是生產線上的一個齒輪，專注於完成手頭的工作，而缺乏對全局的理解。

然而，在外商的環境中，我開始了解到，為了讓自己的工作真正具有影響力，我必須學會以OKR思維來看待和評估我的工作。這不僅要求我理解自己的任務，更要理解公司的整體目標，以及我們的工作如何為達成這些目標做出貢獻。

這種思維的轉變並不容易。它要求我們從單純的執行者變成思考者，從被動完成任務變成主動參與決策。OKR思維讓我明白，成功不僅僅是完成工作，更是要做出有價值的貢獻，確保每一個設計決策都在推動整個組織向前邁進。這種意識的培養需要時間，但它讓我的工作變得更有意義，也讓我的職涯發展更有方向感。

在從本土公司轉到外商的過程中，我經歷了許多挑戰。領導力要求我從執行者轉變為負責人；主動性激勵我不僅做好核心工作，還要積極探索新的機會；而OKR思維則教會我將個人工作與公司的整體目標緊密結合。這些挑戰不僅磨練了我的技能，也改變了我的工作態度，讓我從一名單純的「設計執行工具人」，成長為一位具備全局觀和策略思維的產品設計師。這段經歷讓我明白，成功並非僅靠技術，更在於心態的轉變與持續地面對改變。

15／進入夢想公司，還是需要面對人生給出的問題

經歷過 Yahoo Hack Taiwan 2013 的冠軍以及 side project 的成功，我開始了在夢想公司的面試流程，最終，也成功地拿到了夢想公司的門票，重新加入這個溫暖的大家庭，給了我無比的成就感。過去兩年的努力沒有白費，又是一個階段性的小小里程碑。

加入之後，每天合作的人、接觸的專案、免費午餐跟喝到飽的咖啡，都讓我覺得每天過得非常充實。但加入一年後，我腦中又浮現了一個聲音：「我能這樣多久？」「我下一份工作在哪裡？」「我要怎麼持續成長？」「難道這就是天花板嗎？」

我知道，在這家公司我可以很穩定地持續進步，也可以朝資深設計師邁進，但同時也收到台灣一些不同的機會，有些是新創公司、有些是其他大公司的面試邀約。這讓我不禁開始思考不同的職涯可能性——我要先去看看外面的世界長怎樣？還是留在台灣先累積一定的實力，變成資深設計師再出國？

其實我發現，不管在哪個階段，都應該為自己設定一個願景，這個願景可以幫助你思考跟成長。願景與目標可以變動，因為你的人生也在變化，你有可能突然有男女朋友，因此決定留在台灣；也可能突然拿到獎學金，所以決定勇敢闖一下。那時候的我想著幾件事情：

我想在台灣，還是出國？

如果沒有想著自己的目標的話，這會是一個沒有答案的問題。要不要出國，端看你現在想要的是什麼，以及你的目標。如果你的目標是國際化視野，那現在的公司是否可以幫助你拓展？如果你的目標是持續廣泛累積實力，那出國是不是第一要務？對於那時候的我來說，「國際化視野」、「跨國溝通的能力」跟「新創公司的文化」是我嚮往的環境，因此我知道我需要跨出那一步，不然過了三十歲，我可能更沒勇氣出去了。

我下一間想去哪種類型的公司？

不管你現在身處何種公司，深入探索該環境對你的職涯成長能帶來哪些獨特價值，是至關重要的。

在科技巨頭中，你可能會學習到如何在跨職能團隊中協作、經歷從產品構想到上線的全部流程、深入探究特定產品領域、獲得豐富的產品開發經驗……等。

而在顧問公司，你將有機會接觸多元的產業和業務，學習如何為不同的客戶量身打造解決方案，這不僅能加強你的策略思維，還能讓你獲得廣泛的市場視角和靈活應變的能力。

加入一家新創公司，則意味著你將身處在一個快節奏且不斷變化的環境中，你不僅需要扮演多重角色，還有機會直接與決策階層合作，對產品的每一個決定都有直接的影響。在新創公司，每個人的貢獻都格外明顯，這種經驗能讓你迅速成長，學習如何在資源有限的情況下，創造最大的價值。

所以，當你思考下一步要去哪種類型的公司時，要考慮你想獲得哪些經驗、你的職涯目標是什麼，以及哪種環境最能幫助你實現這些目標。每種公司類型都有其獨特的學習和成長機會，找到最適合你自身職涯規劃的環境，將會是每階段計畫需要思考的第一步。

我最弱的地方在哪裡？

反向思維對我來說不僅是一種思考方式，更是一種自我提升的工具。每當我拿到績效評估報告，我總會優先關注「我需要改進的地方」，以及同事們的建議，而不是別人覺得我做得不錯的地方。這種自我反思，讓我能夠明確地識別出我需要加強的領域，從而制定出更具針對性的成長計畫。

那個時候，我意識到自己需要提升的三個主要方面是：國際化視野、英語能力，以及策略思維和管理利益關係人的能力。這些自我認知，讓我更加明確地規劃了自己的職業發展方向。我不再侷限於當下的舒適圈，而是開始尋求那些能夠讓我在這些弱點上有所突破的機會。

當別人問起我為什麼又要找別的機會，為什麼又要當跳跳虎？我其實可以很明確地回應這些問題，因為一切都不是心血來潮的決定。深思熟慮後，海外工作成了我的下一個目標，不僅因為它可以幫助我加強國際化視野，同時也是提升英語能力的絕佳機會。至於工作環境，無論是設計顧問公司還是新創公司，只要能讓我在策略思維和管理利益關係人方面有所成長，都是我願意考慮的選擇。

透過這樣的規劃，我不僅為自己的職涯設定了清晰的方向，也為自己的下一階段規劃了第一步。

定位自己、探索機會

但是，設定好下一步之後，還有哪些需要評估的點？如果沒有準備好怎麼辦？像我英文這麼差，至少應該先拿個多益九百分再出發吧？現在還沒準備好，就要做這個決定嗎？外面一堆英文比你強一千倍的海歸派，都不一定找得到工作，到底憑什麼跟他們競爭……？

其實，很多人的關卡永遠是「自己」，很常懷疑東懷疑西，或是設立一個抽象的目標但沒有執行，或是過度恐嚇自己。

我也是一樣，在規劃未來路徑的過程中，我曾經面對了一個巨大的挑戰，也差點放棄想出國的念頭。

有一次面試泰國的一家國際公司，開開心心到了當地，進行了車輪戰的面試，但最終仍未獲得這個機會。這次經歷讓我深刻體會到「準備」的重要性，同時也教會了我面對失敗的勇氣。在得知面試結果後，我的內心充滿了失落和疑惑。我曾經問自己：「我到底缺少了什麼？」這也讓我回到了那個關鍵問題：「我什麼時候才算準備好？」

這次挫折迫使我更深入地自我反思，我開始從軟實力和硬實力去盤點自己，評估自己的優缺點，並回顧在過去團隊中的角色和影響力。我意識到，雖然我已經具備許多技能，但在「國際化視野」、「英文溝通能力」和「策略思維」上仍有提升空間。

面對挫折和失敗的勇氣，以及從每次經歷中學習和成長的能力，是通往成功道路上不可或缺的一部分。現在，當我思考未來的職涯方向時，我不再只是考慮「如何達成目標」，而是思考「如何透過不斷的學習與反思讓自己成長」。

在定位自己的同時，我也積極地擴展機會。除了瘋狂地參加各種設計師活動，我也經常在不同場合分享，提升自己在業界的能見度。我的目標是讓更多人認識我，當有機會出現時，他們會想到我。除了本地的活動，我也沒有放過參加國際會議的機會。像是我參加了一個在杭州舉辦的中國大型科技公司年會，在那裡我不僅吸收到科技的最新變化和設計趨勢，也認識了許多來自不同公司的高階領導者。

這些活動不僅拓寬了我的視野，也讓我建立了一個跨國的專業網絡。我們在這些活動中聊著設計、交流著不同公司的趣事，這個網絡在我之後尋找海外工作時，提供了巨大的幫助。我學會了如何在這些會議中有效地展示自己、和不熟的人閒聊、與他人建立關係，以及從每次的交流中尋找和創造機會。

更重要的是，這些經歷讓我意識到，在這些活動認識的人，並不是純粹的萍水相逢，有些甚至還會長期交流到現在。

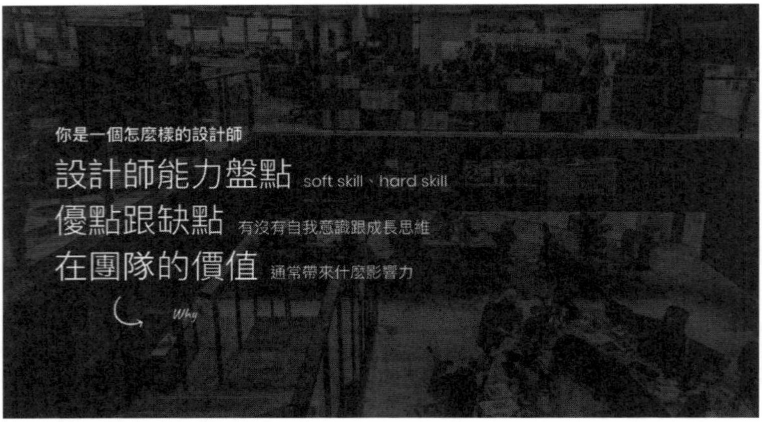
你是一個怎麼樣的設計師
設計師能力盤點 soft skill、hard skill
優點跟缺點 有沒有自我意識跟成長思維
在團隊的價值 通常帶來什麼影響力
Why

圖19　盤點自己的能力值

16／打造職場上的軟實力

職場上，硬實力代表著一個人才的基本能力值，軟實力則是像溝通、協調、利益關係人管理、向上向下管理等。工作多年後，我漸漸意識到軟實力的重要，以前的我往往以為只需要把硬實力累積起來，我的作品就會幫我說話。

有一次我在 Yahoo! 的老闆 Joe，看我在開放空間跟專案經理開完會，就問我：「你們剛剛討論了什麼？」我說：「產品經理提出了需求，而我大概理解了購物中心要做的功能，主要是在搜尋結果頁面要有篩選的條件，我等等要來做設計！」我內心想著，我可以很快就做完結束，我真的是一個很棒棒的員工！

但當時 Joe 卻問我：「為什麼搜尋結果頁需要篩選條件？我們要解決的問題

是什麼？」

發現問題

我當下有點愣住，想說不就是增加一個基礎的功能而已嗎？但老闆告訴我，他希望我可以問更多問題，這不是說新增篩選功能有問題，而是他覺得我可以帶入更多的思考，因為產品設計師要有一個基本意識，那就是很多問題其實是多種複雜因素造成的，問題不問精準，就會影響到最後的成效。作為一個設計師的基本能力，其實就是「發掘問題」，而不是只專注在設計執行層面。

於是我問：「那以剛剛那個例子來說，我應該怎麼做？」

分析問題

Joe 回答我：「我會建議你問至少五個為什麼。為什麼搜尋結果頁面需要篩選條件？產品經理可能會說，因為我們每次搜尋結果出來都有一千筆以上，我們需要幫助使用者找到單品。那我們就要再反問，為什麼我們需要幫助使用者找到單品？是因為我們從數據中發現，使用者搜尋完後的轉換率很低？還是因為使用者行為會一直往下滑，所以我們認為他們可能找不到需要的東西？」

他接著說：「我們會一直去深入挖掘問題的核心，然後定義清楚的問題，接著我們就可以分析問題，因為我們不知道現狀結構中的哪些會造成目標的差距，所以我們需要對問題進行結構化分析。每個設計師產出的問題跟理解問題的方式都不一

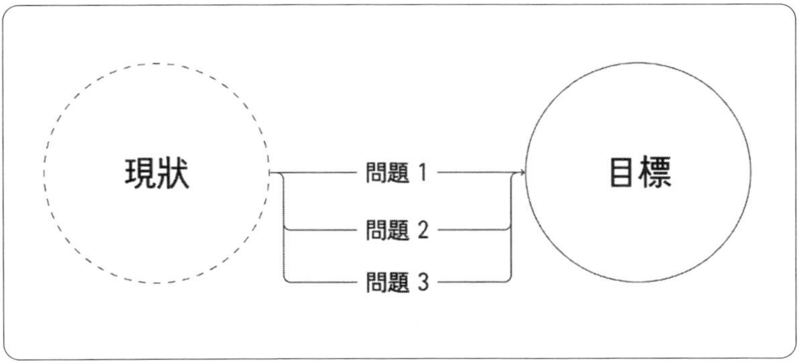

圖20　思考問題的過程不是單一的線性，而是結構性的

樣，解法也不一樣。」

解決問題

從那次的對話，我感覺到我對於問題思考得不夠細緻。每當遇到問題，我很快就會跳進去「解決問題」，而欠缺「發現問題」、「分析問題」、「解決問題」的過程。

如果接續之前的例子，產品經理希望增加「搜尋結果頁面的轉換率」，那為什麼增加篩選功能是唯一解法呢？如果我們套用「福格行為模式」（Fogg Behavior Model）去思考問題解法呢？福格行為模式是指，「行為」（behavior）是由動機（motivation）、能力（ability）與提示（prompt）組成。

譬如說，我們在搜尋結果頁面，不是為使用者篩選出最優結果，而是從增加稀少性（scarcity）的角度去切入呢？透過限時、限量、僅限VIP會員等營造稀少的感覺，激發人們的錯失恐懼（FOMO），提升購買動機，增加轉換率。

這樣的解法是不是完全不一樣了？篩選功能不一定是唯一的答案。

所以，我們也需要去思考，為什麼要選擇這個解決方案？這個方案是否可以達到最小成本跟最大效益？

產品設計師其實就是一個探險家，我們知道這邊有寶藏，但不知道怎麼到目的地取得寶藏，所以就需要發掘問題、分析路線，最後得出幾個可行方案，跟探險團隊討論哪個方案最可行，而不是一直坐在帳篷裡埋頭苦幹。

解決問題的能力，就是不論面對何種專案或挑戰，設計師都能夠深刻洞察並思考應對策略，運用自己的創造力引領團隊，將產品推向更佳的發展方向。我們不僅關注使用者的需求，為

圖21　福格行為模式

使用者發聲，同時也能夠在設計過程中，平衡產品策略與公司的商業利益。

溝通能力

溝通能力不僅是技巧，更是設計師必備的軟實力之一。在我多年的跨國公司經驗中，深刻地體會到——不是所有優秀的執行者都擅長溝通，但良好的溝通者往往能在職場上如魚得水。

我們在績效評估的時候，常會從幾個面向去看設計師的能力，像是「設計專業」、「溝通力」、「影響力」、「創造力」、「領導力」，其中溝通就占了一個重要的環節，身為設計師不能只是一個很會執行的角色，還需要能夠簡報、分析決策，提供清晰、有說服力的理由，並透過講故事來提升影響力。身為設計領導者，要能夠協作和指導，並與跨職能同事合作，利用設計思維工具和技術，一起實現共同目標。

我很常看到台灣設計師有著非常厲害的執行力，但欠缺說故事與溝通協調的能力，導致常在晉升的過程中滑鐵盧，因為在外商，你可以當幕後功臣，但必須把自己的能見度提高，而不是把重要的溝通決策交給別人，這樣獎勵常常會被別人拿走。

而我身為設計師，我認為「設計的本質就是建立溝通」。不管是平面設計、工業設計、網站設計或是產品設計，我們就是透過各種媒介和形式，跟使用者、觀眾溝通。

目標使用者是否理解？訊息是否有傳遞清楚？好的設計應該可以讓目標族群清楚理解並與之建立連結，讓他們可以消化我們傳達出的訊息，也可以產生共鳴，這樣才是成功的溝通。

團隊是否理解？身處公司的專案中，更重要的是能夠精準表達使用者需求、設計策略的原因，並與核心團隊討論，最後說出令人信服的方向，這就是設計師每天的工作。

這也是我職涯早期非常挫折的一點，因為我們不能期待每次提出解法，團隊都會買單，因為大家思考的角度不一樣，工程師、產品經理與設計師在意的點也不一樣，我們需要從不同的角度，去回應跟說服別人這個方向才是好的，並提出大家都滿意的方向。

即便處在一個大家都沒有共識的狀態，也要記得：「不要怕起衝突，而不敢提出自己的需求。」一個設計師如果不敢提出質疑，只是努力滿足各方利益關係人的需求，最後永遠提出不了大家都滿意的提案，只會一直內耗。

我有一次收到一個回饋：「希望 Rice 可以時常表達自己的想法，大家都覺得你的建議非常有價值。」

我很驚訝收到這個回饋，一直以來，我都希望把所有觀點想清楚了再發表，但往往慢了一拍，別人只會覺得我太慢表達意見。

我們常常以為自己想的不一定是對的，可能是從小的教育讓我們養成「確定正確才發表」的習慣，但看看周遭的外國人，有意見都是第一個舉手，不像我們老是擔心這、擔心那。

所以，一定要拿出自信，拿捏好自己的原則與底線，嘗試用具同理心的方式溝通，如果產品經理在意時程，就跟他說：「這三個方案中，A 跟 B 的時程是最快的，但可能造成的風險是 XXX；如果我們使用C方案，則可能會增加兩週的開發時間，但重新來過的可能性卻是最低的。」盡可能解釋自己的想法，分析利益時不要只站在自己的觀點，而要從各方觀點出發，這樣就可以建立各方利益關係人的溝通橋梁，提高溝通效率。

17╱如何寫出吸引人的履歷？

當有了出國工作念頭的那刻，第一個步驟就是要寫出吸引人的履歷。很多人會說：「兩頁的履歷有什麼難的，不就是把工作經歷跟個人資訊放在一起嗎？」但如果只是想著條列出你的人生事蹟，那就大錯特錯了。

我看過很多直接洋洋灑灑地講自己的人生故事、或是排版花俏的履歷，我也曾經歷那段可怕的過程，把自己的技能用資訊圖表呈現，排版成滿滿三頁的履歷，譬如說用百分比呈現個人的軟實力與硬實力。這些都是非常抽象的數據、也沒有可信度，除了增加版面的複雜度之外，也會讓面試官質疑你提供的內容正確度。

撰寫一份完美的履歷不僅是拼湊過去經歷的過程，而是一門精確展現你專業形象和能力的藝術。履歷是你向全世界展示自己職業生涯的窗口，尤其是當你考慮跨國求職時，這份文件尤其重要。這邊我就列出「如何避免履歷中常見的紅旗問題（red flag）」，並提供「實用的履歷技巧」，希望成為你出海工作的第一個敲門磚。

避免履歷中的紅旗問題

一、使用資訊圖表和技能圖表：雖然這類元素在某些創意行業中可能受到歡迎，而且很多剛畢業的新鮮人很喜歡用數據呈現自己的技能。但在大多數專業

圖22　剛從研究所畢業的可怕履歷

領域，這些圖表可能會造成資訊的誤解，尤其是技能圖表，往往無法準確反映個人的真實能力。譬如說，我們如何衡量自己的分析能力是五〇%？這個數據是哪邊來的？會不會造成面試官的困惑？而且，過多的圖表可能使履歷看起來不夠專業，也不會增加錄取率。

二、使用過多的顏色和複雜的背景圖案：過度使用顏色和背景圖案會分散讀者的注意力，影響履歷的專業性。我看過很多履歷放了很多不必要的裝飾，這會讓整個視覺焦點非常混亂。最佳做法是最多選擇兩種顏色，並確保這些顏色不會影響文字的可讀性。保持背景的簡潔，使內容成為焦點。

三、過度裝飾或使用非專業的字體：履歷的字體應該保持專業和易於閱讀。選擇一到兩種標準字體，避免使用任何可能使履歷顯得不嚴肅的裝飾性字體，譬如漫畫體。

履歷必備技巧

一、排版與設計：履歷的排版應該清晰，使人資能夠輕鬆找到最重要的資訊，一頁版面不要超過四個區塊，太多的區塊只會讓版面更混亂。使用合理的間距和字型大小，確保文本的布局既有美感又實用。將最重要的資訊放在首頁頂部，因為這個欄位通常是最先被注意到的部分，像是名字、職位、電話、信箱、作品集連結等等。

二、明確的內容框架：將履歷內容分為定義清晰的區塊，如個人訊息、工作經驗、教育背景、獎項。每一部分都應該放上清晰的標題，使用條列式列出具體成就或職責，這有助於提高訊息的可讀性。

三、使用行動導向的語言：在描述職責和成就時，使用動詞如「實施」、「領導」、「設計」、「提升」等，可以展現主動性和成效。例如：「建立從零到一的團隊，帶領五個設計師，並在六個月內推出東南亞第一個數位醫療解決方案。」

四、數據驅動的成就展示：在可能的情況下，用具體數據來支持你的成就，這不僅展示了你的成果，還增加了你履歷的說服力。例如：「透過優化內部流程，幫助公司節省XXX萬美元的成本。」

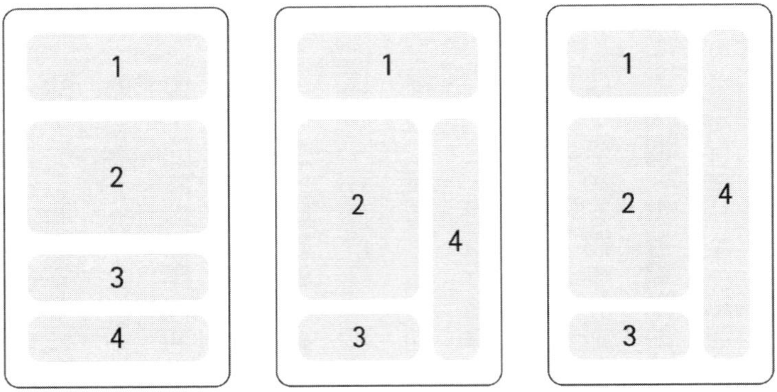

圖23　清楚的排版

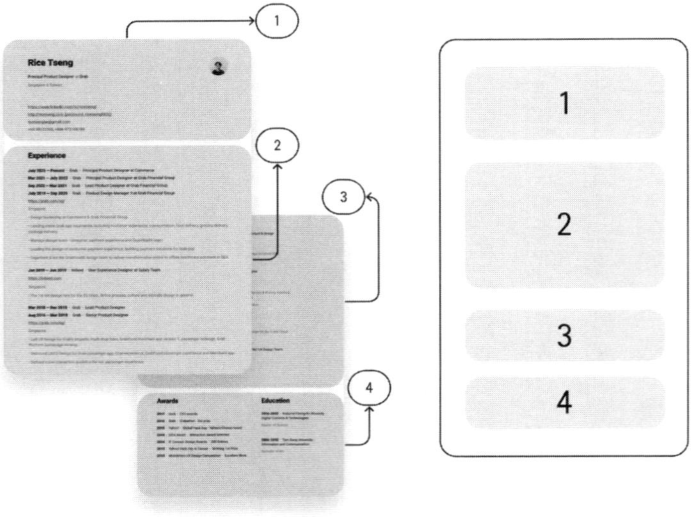

圖24　內容框架案例

五、客製化和針對性：根據你申請的具體職位調整履歷，突出與職位最相關的經驗和技能。這表明你對職位的了解和興趣，並能顯著提高你的履歷被注意到的機率。

利用ＡＩ撰寫履歷

一、ＡＩ工具的應用：現在撰寫全英文的履歷，已經不用像以前一樣從零開始了，我們可以很容易地使用ＡＩ服務（例如 ChatGPT、Claude 等）幫助我們潤飾自己的履歷。小技巧是不要只是叫ＡＩ幫你寫履歷，可以跟ＡＩ講述自己的背景、要投遞的職位以及未來的職涯目標後，再請ＡＩ幫你生成或修改內容。另外一個直接的方式是，你可以上傳你現在的履歷，請它根據你的經驗去重新書寫更完美的內容。

二、用ＡＩ撰寫的好處：ＡＩ工具可以節省時間，自動生成履歷中的一些基本內容，如職責描述和成就總結，也可以請它用數據化的方式展示，但切記一定要給AI相關的內容，不然它生成的內容也會非常抽象。

三、使用AI時須注意的事項：雖然AI可以提供基本架構和一般內容，但它可能無法完全捕捉到個人的獨特經歷和專業特質。因此，重要的是在AI生成的草稿基礎上，加入個人色彩、專業細節、過去專案的資料，使履歷更個人化而非像是

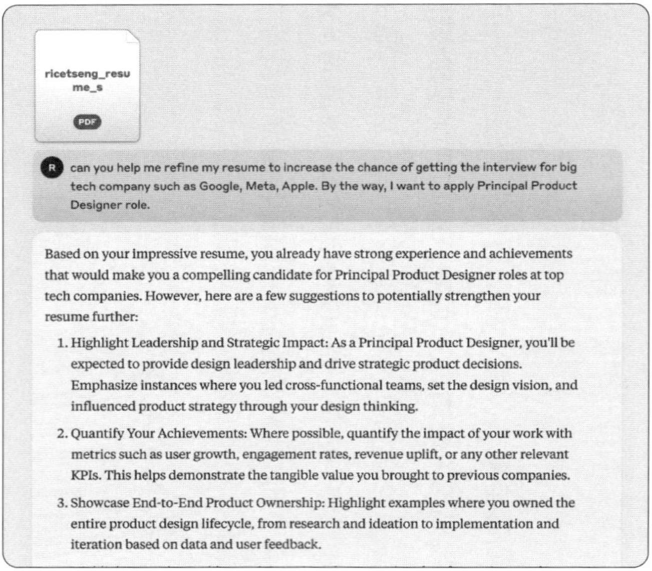

圖25　用 Claude.ai 去重新省思自己的履歷問題

AI生成。

四、客製化AI建議：使用AI撰寫履歷時，應該對生成的內容進行仔細審查和修改，確保所有訊息都準確反映你的職業經歷和技能。此外，要根據申請的具體職位，進一步調整和詳述這些內容，以滿足特定職位的要求。譬如說你可以在Claude.ai輸入：「可否根據這個公司的工作描述，去幫我稍微改寫工作經驗，以符合該工作描述的關鍵字？（後面加入工作描述）」

你可以將這些細節和技巧融入你的履歷中，這樣不僅可以提高人資篩選到你的機率，還可以顯著提高你在國際求職市場中的競爭力。每一份履歷都是一份個人品牌的宣言，不要忘了這是人資看到你的第一印象，一定要好好撰寫。

18／如何建立人脈？

在職涯的旅程中，「人」不僅是你通向外界的橋梁，更是畢業後長期的人生導師。當我回顧自己從畢業到現在的工作經歷，許多人生的轉折點，都與在不同階段認識的人息息相關。這些人脈的建立，或多或少地影響了我的職涯方向，有時甚至改變了我的人生觀。因此，如何自然地建立人脈，對於任何職業發展來說都是至關重要的。

很多人會問我：「你當初怎麼找到這個工作？」

我認真回想了過去職涯重要的「轉捩點」，都是因為「人脈」，很多機會並不會主動降臨到身上，多半是來自別人的引薦。就像當時在 Yahoo! 工作的時候，我萌生出國工作的念頭，有意無意地在很多聚會上提起出海計畫，還有朋友會調侃我有一個不切實際的美國夢。

雖然聽起來是不切實際的開始，但這就像吸引力法則，《牧羊少年奇幻之旅》有這樣一段話：「當你真心渴望某件事物，整個宇宙都會聯合起來幫助你完成。」過去的我沒有注意到這些關聯性，但回想起來，這些確實不斷在發生。

如果我沒有跟朋友提及出國夢，就不會有人知道我在尋找海外工作，也就不會有人在被問到「有沒有推薦的設計師」時想到我。因為這樣的機緣，二〇一六年中，我原本已經拿到上海設計顧問公司的聘僱合約，多方思考後也下定決心要去上海發展，卻在即將簽約的前一週，收到朋友的訊息。

他說：「你知道 Grab 嗎？」

我說：「你是說那個我之前在泰國用過、很像 Uber 的軟體嗎？」

他說：「是啊，他們還是新創公司，在找設計師，你要不要試試看？」

其實我一直很憧憬新創公司的氛圍，一直希望有機會可以到海外新創試試看。面對這樣的機會我很難拒絕，但不知道要怎麼跟上海顧問公司說明，但我當下還是立刻聯絡對方的人資：「我需要一週的時間考慮，可否一週後再回覆你們？」幸虧他們也願意給我一點時間，我也跟 Grab 提到我還有其他工作機會，希望可以加速面試流程。

結果，我幸運地在時間內拿下這個機會。這次的經驗，讓我知道人脈真的很重要，會在關鍵時刻改變你人生的軌跡。如果我當下沒有收到朋友的訊息、我朋友沒有想起我，我是不是現在就在上海繼續發展呢？那我的人生軌跡是不是就不一樣了？

但這些人脈都是哪裡來的呢？很多人都說不要跟同事做朋友，我不以為然，我很多人生的摯友都是在工作中認識的。我的原則是，交朋友不要刻意，自然就好，以下彙整了過往我如何建立起我的人脈網絡、以及我都是在什麼樣的緣分下認識他們的。

自然地建立人脈

一、利用 LinkedIn 進行專業連結

LinkedIn 是全球最大的專業網絡平台，有無數科技業的專業人士在使用。我很早就開始用 LinkedIn，並習慣性地定期更新自己的工作經歷，也會主動與 LinkedIn 上面的人建立連結，千萬不要怕點下「建立連結」的按鈕，也不要怕別人不接受你的邀請，當你主動發起邀請，有五〇%的機率對方會接受。如果想讓人感覺到你的誠意，就發送個性化的請求，簡單介紹自己的專業背景及交流意願，這樣可以讓對方放下心防，接受你的邀請。

二、參與各種社群活動，包括線上和實體活動

從出社會到現在，我都非常活躍於社群中，不知道是不是因為我是 MBTI 十六型人格中的 ENFJ 人格，能夠在活動中得到能量，在熟悉或陌生的場合都能輕鬆與他人展開話題。所以不管是線上研討會、網路研討會或面對面的設計 meetup，都可以時常看到我的影子。現在因為有了多年工作經驗，也時常收到老師或是業界人士的邀約去分享，因此有機會認識到不同領域的專業人士。我也

會主動報名參加國際設計研討會，不僅讓我獲得最新的行業知識，也讓我認識了來自不同國家的專業人士。

三、維護舊有的同事關係

很多工作上認識的同事，最後都變成時常聯繫的朋友。因為通訊軟體的發達，我經常與前同事保持聯繫，大家會一起出去玩樂，也會不定期在咖啡廳一起工作。大家從工作相關的話題聊到人生的挑戰等等，不僅是前同事，還是人生中重要的夥伴。

四、自己主動組織活動

我曾經自己發起過非常多的工作坊或是活動。有次我跟 Yahoo! 的老闆討論到辦設計相關活動，那時候我想要辦關於手機原型設計（mobile prototyping）的活動，而這也會是台灣第一場聚焦手機原型設計的社群活動。他一開始還說：「會不會沒有人想參加？」最後活動發出去，居然有九百多人回應，其中大約有一百

圖26　組織各種大型活動

多位設計師。過程中，不僅負責各項活動細節、場控、音控、採購、講者、內容、場地、流程，我自己還要下海負責兩部分原型工具的分享，雖然壓力非常大，但主動舉辦這種大型活動讓我受益良多，也收到非常多正面的回饋！

五、利用線上平台尋找導師

最近幾年，有越來越多線上平台可以尋找導師，像是 ADPList 允許我們與行業內的專家連結，並請教對方問題。透過這些線上導師的指導，大家不僅可以認識世界各地不同的人，還可以拓展專業知識。

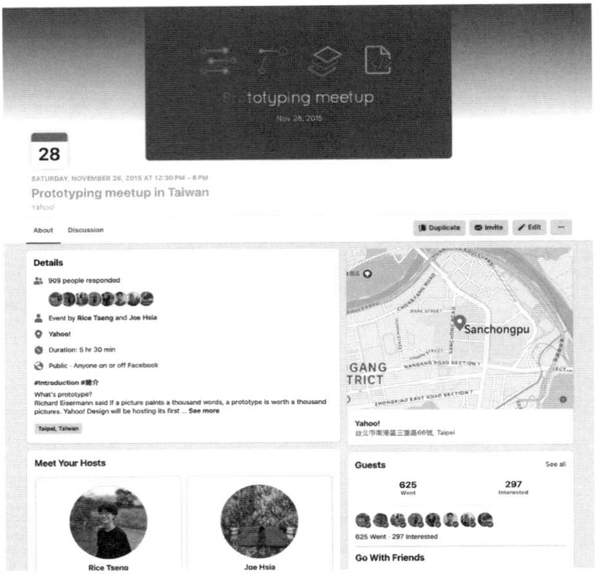

圖27　2015年 Yahoo! 舉辦的 Prototyping meetup 有900多人回應

在建立人脈時，我始終保持著順其自然的心態認識每個人，在職業世界中，建立人脈不應只是為了個人利益，而應當是雙向、真誠的交流。

19／如何面試海外工作？

提到海外求職，大家最先想到的通常是，英文要好到什麼程度？再來就是不知道該怎麼投遞履歷。事實上，海外求職並沒有大家想的這麼複雜，也不像一個大魔王一樣難以應對。我覺得最大的一個關鍵是——「開始求職的動力」。很多人會一直想著，等到三十歲再去、先看別人的經驗怎麼樣再說、先在台灣升遷完再去、或是先做完什麼再說……等等不同的原因，這都會讓你很難開始。

對我來說，海外求職有六大關卡：找工作的管道、鎖定區域、準備履歷與作品集、海外面試與技巧、簽證申請、了解國外文化跟僱傭制度，進而談到好的薪資待遇。這些關卡並不是線性進行，很多東西可以先準備，不要把它想成兩個月可以完成的專案，要想成是一個「長期的職涯規劃」，這樣不僅可以提早開始，也可以讓你的海外求職過程更順利。

海外求職六大關卡

一、找工作的管道：一開始，我利用LinkedIn這樣的國際平台，積極與海外工作的專業人士建立連結，進行人脈拓展。我了解到，與獵頭建立良好關係不僅幫我深入理解海外市場，還是建立人脈的重要管道。這些看似不起眼的喝咖啡聊天，其實為我日後在海外求職奠定了一點基礎，也是長期的人脈關係。此外，無論是實體講座、研討會，還是校友聚會，我都不放過任何一次深化關係的機會。

二、鎖定區域：一定要先鎖定幾個想去工作的國家，像我當初就是鎖定上海、泰國、新加坡等地，然後去看當地有哪些國際外商、知名新創、本地公司，接著就要先求有再求好，不要錯過任何面試的機會。

三、準備履歷與作品集：準備海外履歷與作品集的第一步，就是把它轉成英文版本。萬事起頭難，我一開始也是非常沒有動力，因為我英文寫作超爛，但我最終還是硬著頭皮做到了，我花了大量時間將其翻譯和優化成英文版本。我尋求了英文能力強的朋友和專業前輩的幫助，甚至在線上聘請了英文老師，一對一地逐項檢視並提升我的作品集描述，每週都給自己設定一個進度，譬如說這週的目標是作品一的背景描述等等，整個過程非常冗長，但一步步把作品集轉成英文，不僅提高了我的作品集品質與說故事技巧，也加強了我的英語寫作能力。

四、海外面試與技巧：想出國工作，但英文底子不好怎麼辦？這個問題我每次去外面分享都有人問到。先前我開始準備英語面試時，我的英文底子並不牢固，這當然讓我感到非常焦慮。然而，我們只能做自己能做的事情，我自認當時做得最正確的事情，就是把作品集背得滾瓜爛熟，腦袋裝了很多故事，所以可以隨時抽取相應的故事來回答面試官的提問，千萬不要想著臨場發揮就好。有一百二十分的準備，才可能會有九十分的成績。這種準備讓我在面試海外工作時多了一點信心，即便是用英語進行面試，但我知道至少作品集簡報這部分，我可以順暢地展示出來。

五、簽證申請：當你拿到 offer 後，公司就會開始幫你申請簽證。當然並不是每個國家都是一樣的方式，美國大多會先看是否有簽證才開始面試。由於每個國家的簽證規則不一樣，當你選定想要去的國家後，就需要先了解該國的簽證規定，像新加坡簽證就有幾種不同的類型，通常會根據你的薪水跟條件去評估給你的簽證。而簽證也會因為一些政策變得比較難申請，像是近幾年新加坡工作簽證的申請難度就升級了，並不是因為你能力不好所以沒有進一步面試，也可能是當地公司沒有外國人簽證的名額。

六、薪資談判：在海外求職過程中，薪資談判是一個非常重要的階段，它不僅反映了你的自我價值認知，也可能決定你在新國家的生活水準。海外薪資談判可能會比在台灣更為複雜，但只要做好充分的準備和研究，你就會比較知道怎麼應對進退，這邊是我在進行海外薪資談判時的一些心得和小技巧：

A 市場研究：在談判之前，最重要的是對當地的薪資區間有一個清晰的了解。使用像是 Glassdoor、Payscale 等工具，研究類似職位在目標國家的平均薪水。這不僅幫助你了解行業標準，也為你在談判中設定合理的薪資預期提供了數據支持。

B **評估總體福利**：薪資只是整體待遇的一部分，海外職位的其他福利，如健康保險、每年津貼、獎金、搬遷費用補貼等，都是談判中需要考慮的要素。有時候，這些福利的價值可能會超過薪水上的小幅度差異。還有一點就是股票，有些公司願意給RSU（Restricted Stock Unit，限制型股票，在滿足特定條件之前無法出售），有些公司什麼都沒有，在評估整體薪水時不要只看月薪。

C **開場白的重要性**：在談判薪資時，如何開啟話題非常關鍵。你可以這樣開始：「我對這個職位非常感興趣，也相信我的背景與技能，能夠為貴公司帶來顯著的貢獻。我做了一些市場研究，發現類似職位的薪資範圍大約是X到Y。基於我的經驗和行業標準，我希望能在這個範圍內討論我的薪資。」

D **表達彈性**：在談判中表達開放的態度也很重要，可以表明你對薪資具有一定的彈性，願意根據職位的責任範圍和所提供的其他福利進行調整。例如，你可以說：「我對薪資有一定的彈性，願意根據職位的具體要求和公司提供的其他福利，來考慮整體報酬。」

E **準備應對反駁**：如果遇到僱主的薪資報價低於你的期望，不要立即妥協，而是詢問可以提供哪些其他福利來彌補薪資差距。或者，你可以要求一定的簽約獎金（Sign-on bonus），或請求在三到六個月後進行薪資評估。

F **最終確認**：一旦達成協議，請求書面或是信件確認這些條款，這樣可以保障你的談判成果不會因溝通誤解而有所偏差。

海外求職旅程的每一個環節都至關重要，不要想成只是面試一個工作就結束了，每次面試後都可以回頭看看自己準備的素材是否需要修正、面試時哪邊講得不好、哪邊的故事說得有問題，就像做產品設計一樣，我們必須時時去優化自己的履歷跟作品集，等到機會來臨時才不會手忙腳亂。

海外面試流程大概是怎麼樣？

在科技巨頭中，進入面試階段的應徵者比例可能低於〇．〇五%，甚至更低。這意味著每一次能進入面試階段本身就是一種勝利，每一個到達這一階段的候選人，都已經勝過成千上萬的應徵者。面試是一個雙向選擇的過程，每一次面試不僅是對自己能力的展示，更是對未來可能工作環境的探索和評估。

面試並非只是「公司面試你」，也是「你面試公司」的過程。它就像冰山中的一角，我們體驗到的往往只有最後面試的過程，但其實大公司或是一些頗具規模的公司，在招募員工時並不是大家想的這麼簡單，而是遠比大多數人想像的要複雜和嚴謹。

每個職位的開設，都須經過嚴格的內部評估和批准。公司必須考慮多方面的因素，如財務狀況、業務需求、當前市場狀況以及長期發展策略。例如在科技業，一個新的研發專案可能需要增加軟體工程師的職缺；而在擴展銷售網絡時，可能需要更多的地區銷售經理。如果從主管的視角來看，他們今天失去一個員工，需要思考非常多的層面，像是這員工負責的專案會受到什麼影響，需要怎麼去招募人才？要從內部轉調人才，還是對外招募？如果對外招募，勢必要等個半年一個月，才會等到理想人才進來上班，但這半年團隊要怎麼分配資源？公司招募時，除了主管們要討論組織調整、預算分析，還要跟所有團隊做專案對接，一切都確認後向上提報，批准後就會在招募人員的相關網站看到職缺訊息。這一系列的過程還可能因為國際趨勢、公司狀況等等突發因素，導致招募暫停。

如果有幸公司最終釋出職缺，那面試關卡到底有幾關呢？人資通常會跟你說明你會面對的關卡，但那些你沒有面對到的關卡才是真的多，每家公司還有不同的招募階段，包括「前期面試」、「正式面試」、「面試後流程」。在面試者還沒開始面試時，其實已經過非常多篩選，應徵者必須從所有投遞履歷的人中脫穎而出，然後主管會一個個看每位候選人的資料跟作品集，如果通過面試小組的篩選，人資就會聯絡這個候選人。

那進入面試階段呢？這通常就是大家最害怕的過程，一般來說會分成好幾個階段，像是作品集面試、各種測驗、行為面試、文化面試、領導力面試等等環節。最終，面試小組才會去討論並評估是否要招聘這位人才。

看到這一系列的招募流程，只需要記住一句話：你沒有通過面試，不一定是你的問題，因為裡面各個環節太複雜，每個環節都有可能是媒合失敗的原因之一，可能是市場機會太少、僧多粥少；可能是剛好企業要的人才跟你的技能不匹配；可能是另一個面試者曾經是實習生，所以團隊更信任曾經的夥伴……等。所以，面試一定要用平常心看待！

20／選擇比努力重要，加入願景明確的公司

「Drive Southeast Asia forward.」幾個大字映入眼簾，對於去哪家公司，我內心已經有了答案。那時我正面臨天人交戰，思考著要選擇新加坡的機會、還是上海的設計顧問公司。這段經歷，無疑是我職業生涯中的一個重要抉擇，也讓我深刻體會到選擇比努力重要的真理。

如果我當初選擇去中國，現在可能也不會有在東南亞工作的獨特經驗，也無法像現在沒有障礙地跟外國人溝通，更沒有機會看到快速成長公司的發展過程。

上海與新加坡的抉擇

上海是一個相對簡單且風險小的選擇，那時候有許多台灣設計師分別在中國的上海、北京與深圳，找到了不錯的機會，也發展了不錯的成就。同時，我也聽了很多在中國矽谷——中關村的故事，感覺網路科技產業在那邊蓬勃發展，也會有很多工作機會，如果那時候加入會是一個非常不錯的時機，越來越多同學畢業後首選中國作為職涯第一站。去上海發展，無疑是一個安全且可能性很多的選擇。

相對來說，新加坡的機會卻顯得相對風險較高。新創與產品設計的機會並不多，很少台灣人在那邊，也不太確定有哪些設計成熟度高的公司。那邊大部分公司需要用全英文工作，對於語言能力不足的我而言，還需要思考自己在新加坡生存的可能性。也因為這樣，新加坡無疑是一個變動大、機會少的地方。

我為什麼選了新加坡的Grab？

即便如此，但我在新加坡的 Grab 整個面試經驗非常好，再加上Grab的願景是「Drive Southeast Asia forward」，這家公司致力於解決東南亞的交通問題，實現六億人的交通自由。這個清晰且具有影響力的願景，深深打動了我。如果我做產品，可以影響不只一個國家人民的日常會怎樣？如果我去一個大家不熟悉的地方體驗生活會怎樣？如果我想要達成國際化，哪邊才是最佳選擇？

因此，當我把牌面攤開在桌上，上海雖然比較少變動，但我還是選擇了新加坡。一方面是我想挑戰自己，一方面是考量了以下幾個方面：

一、人（People）：公司的文化和同事的背景，是我首先考量的要素。面試過程可以看出，這是一家國際化且多元化的公司，我可以和不同國家的頂尖人才合作。

二、設計成熟度（Design maturity）：雖然當時 Grab 並不是設計成熟度最高的選擇，但我看到每個面試官的雄厚背景與豐富經驗，且設計團隊已經開始在影響產品的策略，讓我對於加入這種團隊充滿了信心。我加入的時間剛好又有很多有趣的專案正在進行，讓我對這家公司更有興趣。

三、產品多樣性（Product diversity）：Grab 的產品不僅僅是交通工具，還涵蓋了送餐等各種生活化服務，這樣的產品多樣性讓我能夠參與不同類型的設計專案，跟累積做不同產品的能力。

四、東南亞產品（Southeast Asia product）：很少人去東南亞發展，若我作為先驅者去做東南亞產品，無疑是一個獨特的經歷。

五、公司願景（Clear company mission）：Grab 的願景是解決東南亞的交通問題，這不僅是公司的一個目標，更是一種使命感。作為一個使命驅動的人，我希望自己所做的設計能夠對社會產生正向影響，加入 Grab 讓我覺得自己在做有意義的事情。

六、文化（Culture）：整個面試過程，Grab 的文化充滿多元且包容的氛圍，在簡報我的設計作業時，大多的討論也是圍繞問題而非解法：「為什麼

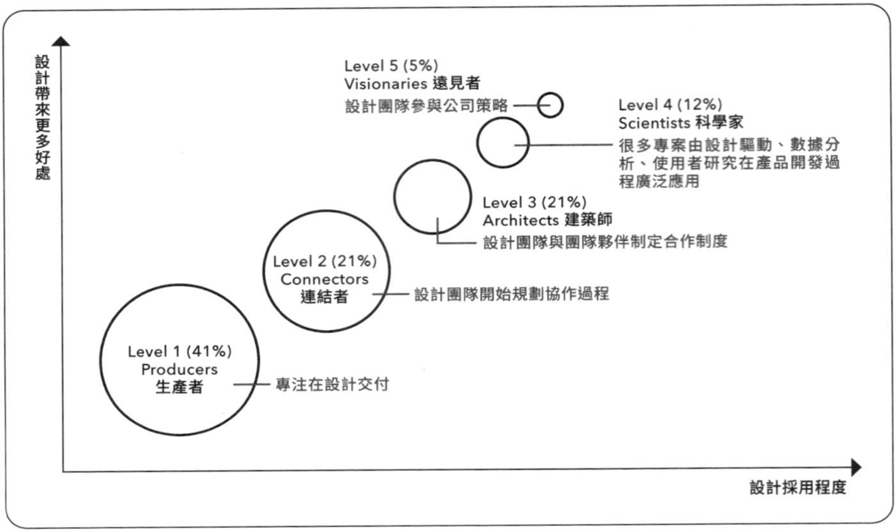

圖28　設計成熟度模型（取自The New Design Frontier, InVision）

我們需要做這個功能？」「這個專案解決使用者的什麼問題？」讓我感受到這家公司設計團隊的角色與責任不只是設計交付而已，而是可以推動產品方向的關鍵角色。

我適合什麼樣的公司？

換工作的時候，最忌諱因為單一原因而匆忙決定。我聽到很多人因為「跟主管不合」、「公司文化不成熟」、「自己是一人設計師，所有事情都要一手包辦」等理由，就直接選擇跳槽。我不覺得這些理由完全不對，但換工作需要考量更多的因素，應根據當前職涯狀況、個人成長與產業趨勢來做出決定。

選擇加入不同類型的公司，首先要衡量的是「自己缺少什麼」。我曾經跟當時Yahoo! 的主管討論我職涯的下一階段，說到我覺得自己最不擅長「設計策略」，並缺乏在顧問公司接觸不同產品的經驗。

他問我：「但你的目標是想當產品設計師嗎？」

我回答：「對啊。」

他說：「我覺得你已經在這條路上了！如果你去顧問公司，你會接觸不同類型的專案，但同時也少了持續疊代產品的機會。」

這段對話讓我開始反思，自己適合什麼樣的公司。我只是想體驗看看顧問公司的生活，還是我真的想做不同產品？還是我只是缺乏自信地想證明，自己也能在設計顧問公司生存？

如果說公司分為顧問公司、新創公司、台灣中大型企業、國際大型跨國公司，那麼在職涯的不同階段，應該加入什麼類型的公司呢？是要在國際公司向上升遷，還是在不同類型公司累積經驗？在職涯初期，我缺乏對整個公司組織的全局觀點，只覺得自己能成為產品設計師就好，或者想去不同類型的公司累積實力。

我也曾跌跌撞撞，根據公司給我的職稱努力工作，有時是視覺設計師、有時是使用者介面工程師（UI Engineer），做前端介面設計與開發的工作。後來回想，如果不是有點幸運，這種橫衝直撞，最終可能只會讓人覺得我對職涯思考不周。

後來加入國際型企業後，我才開始了解不同類型公司與不同規模公司，對於職涯成長的重要性。我漸漸明白，不同公司在我職涯的不同階段，會帶來不一樣的成長。我會向來找我諮詢的同學講解：理解公司的職等階梯與組織架構，可以幫助自己定位職涯曲線，時時對焦自己的優勢與成長目標。顧問公司與大企業的職等階梯通常不一樣，我會推薦大家在加入公司前，先對焦自己的能力，了解自己未來的成長管道。

換工作不是一件容易的事，我們需要考慮很多因素，找到最適合自己的公司，才能在職涯中走得更遠。選擇何種類型公司，與自己的職涯規劃密切相關。

「不僅要選擇適合自己的公司，也要選擇適合自己當前成長目標的公司！」這不僅影響我們的職涯發展，也影響我們的個人成長。因此，每次換工作前，都要仔細權衡利弊，做出最明智的選擇。

選擇比努力重要，這句話在我的職業生涯中得到了驗證。努力固然重要，但選擇一個願景明確、文化適合自己的公司，能夠讓你的努力事半功倍。當你選擇了一個正確的環境，你的努力才能得到最大化的回報。

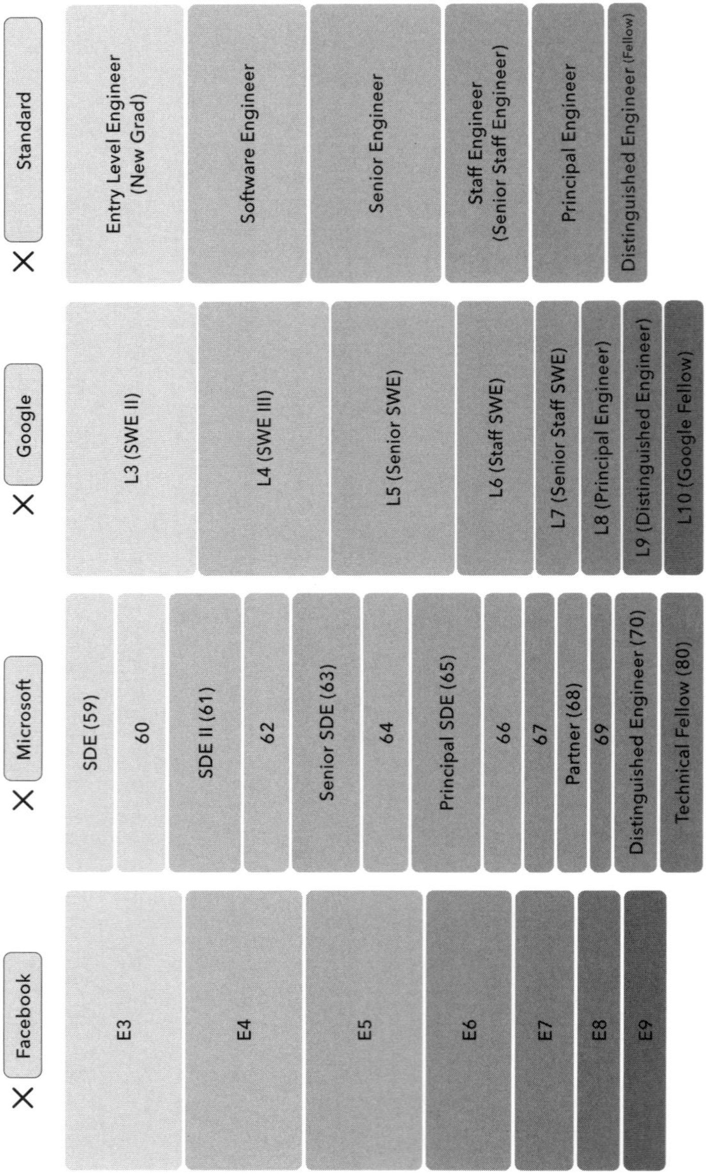
Standard
Entry Level Engineer (New Grad)
Software Engineer
Senior Engineer
Staff Engineer (Senior Staff Engineer)
Principal Engineer
Distinguished Engineer (Fellow)
Google
L3 (SWE II)
L4 (SWE III)
L5 (Senior SWE)
L6 (Staff SWE)
L7 (Senior Staff SWE)
L8 (Principal Engineer)
L9 (Distinguished Engineer)
L10 (Google Fellow)
Microsoft
SDE (59)
60
SDE II (61)
62
Senior SDE (63)
64
Principal SDE (65)
66
67
Partner (68)
69
Distinguished Engineer (70)
Technical Fellow (80)
Facebook
E3
E4
E5
E6
E7
E8
E9

圖29　職等階梯（取自Levels.fyi）

PART III

決定出海：我要出國打世界盃了！

21╱我是不是遇到詐騙集團？

現金跟股票二選一！

二〇一六年七月六日，一封來自 Grab 人資的信件出現在我的電子信箱，信裡除了錄取通知外，還有 NDA（Non-Disclosure Agreement，保密協議）和其他相關文件。

收到信前，人資已經與我有了幾次的交流：首先，慶祝我通過面試；接著，談論未來的薪資結構，再來要我提供台灣的薪資條——真的嗎？你真的想被這麼少的數字嚇到嗎？最令我驚訝的是，Grab 給了我一道難上加難的選擇——我要

「股票選擇權」還是「更高的月薪」？對，你沒聽錯，就是選股票還是現金。對一位已經在台灣賺過「辛苦錢」的我來說，這真的很難選！

在台灣，我曾在三家公司工作，其中一家是國際外商，但沒有人給我這樣的選項。面對這突如其來的問題，我有些不知所措。雖然直覺告訴我，現金肯定是最實在的，但我心中仍有疑慮。加入國外新創的初衷，不就是想體驗新創的不確定性、機遇與挑戰嗎？

為了釐清兩個選項的差異，我聯繫了一位具有商學院背景的 Yahoo! 工程師同事，對方接起電話了解狀況後說：「其實這根本不用思考，你現在加入的不是 Yahoo! 這種已經上市的公司，加入這種新創就是要看它未來的可能性，賭它可以上市。但……這你要自己評估看看。」

掛了電話後，龜毛又猶豫不決的我又繼續向好友圈求助，意見幾乎達到五五波。現金選項固然誘人，每月多一千新加坡幣（相當於台幣兩萬二）的薪水，對於生活品質的提升不小，每個月大概可以多喝三百杯咖啡；但股票選擇權呢？如果 Grab 沒有成功，那就可能只是一堆沒有價值的廢紙，當時 Grab 的規模跟產品似乎也在比較早期的階段，成為廢紙的可能性確實高一點。

隨著最後決策的時刻逼近，我還是無法確定要選擇哪一個方案。但當那一刻真的到來，我深吸了一口氣，選擇了「股票選擇權」。在新加坡的生活節奏中，或許每月多出兩萬台幣（占我台灣當時月薪的三分之一），並不會帶來多大的變化。相反地，為一家充滿潛力的新創公司投資心力與期待，似乎更具意義。這樣的選擇，也更能促使我與公司緊密結合，希望它未來真的能夠成功。畢竟，這應該就是長期獎勵機制（long-term incentive plan）所追求的目標——把公司和員工綁得更緊密一點。

其實在加入 Grab 之後，我在很多機緣巧合下，詢問早期加入的同事選擇股票還是現金，得到的大部分答案幾乎都是現金，還有一個青島出生的豪邁女子說：「我傻逼啊，當然是選擇現金！」我當下內心只覺得自己真的很傻，居然不拿實際一點的東西，回家還懊惱了一陣子，後悔當初真是做錯決定。

帶著貓咪出海去

簽完 offer 後，我跟朋友開始處理在台灣的種種瑣事：退掉台灣租房、開始找新加坡租房、整理行李和舊物……但其中最具挑戰性的，卻是我的貓——方吉。

方吉不僅是我的寵物，更是我的家人。對我來說，將他遷移到新加坡，比移動任何一件物品都重要。我們研究了許多文件和資料，確保方吉在新加坡的隔離空間既舒適又安全。在台灣還有更多行政手續，從狂犬病疫苗、三合一疫苗、找寵物代辦，到飼主身分認證和寵物晶片手續，每一步都要仔細核對。同時，我們仍須與新加坡農糧與獸醫局（AVA）保持緊密聯絡，確保方吉順利入境，並確保方吉隔離完後，可以立刻回到我的新加坡租屋處。

當那一天終於到來，早上的太陽才剛剛探頭，我站在中山國中附近的租屋處，心情複雜地收拾著行李。我在這裡度過了難忘的十年時光，而轉角的小七、手搖飲料店，還有我喜歡的旅沐咖啡和鹹酥雞，都是我將常常想念的日常。

當我打開門，方吉這隻個性難搞的貓似乎感受到了不同的氛圍。我們把行李搬到樓下，在租屋門前拍下了一張照片，方吉的眼神中充滿了好奇與迷惘，好像還有點不爽。其實，我心中也是如此。在新加坡有六個月的試用期（沒錯，新加坡很多公司的試用期都很長），每一天都將是一次新的挑戰。我的英語真的夠好，能與來自各地的同事無礙地交流嗎？我真的可以通過試用期嗎？還是差不多三個月後就被辭退了？我需要搬這麼多東西去新加坡嗎？

圖30　帶著貓咪方吉出海去

這一大串的問題，像在做產品設計初期的探索階段，什麼都不確定，需要自己去慢慢釐清。但即使有這麼多的不確定，我的心中除了迷惘，更多的是對未知冒險的期待與興奮，希望這新的挑戰可以帶給我不同的人生篇章。

充滿南洋風情的新世界

新加坡的烈日如火，時常是三十度以上的高溫。但每當午後，時而出現的驟雨就如驚喜的禮物，帶來片刻的涼爽。每次踏進那潔淨的捷運車廂，都讓我想到台灣。

食物方面，很多南洋口味的食物吸引著我，娘惹糕、叻沙鮮蝦義大利麵、苦甜又大杯的新加坡咖啡，總讓我心中湧起一股濃厚的思鄉情懷，彷彿跟台灣之間有著某種不言而喻的連結。這些新的體驗，讓我對於新加坡有了初步的好印象，也覺得非常容易融入新的環境。

圖31　搭乘 Grab 拍下的新加坡景色

住的方面，一定要有工作准證證明，也要記得帶一些現金去銀行開戶，不然租屋簽約付完押金後可能會所剩無幾，畢竟這裡的房租真的是台灣的好幾倍（二〇二四年新加坡蟬聯全球生活最貴城市），這些都是我出發前，當地台灣人給的建議。

其實出發前，我滿懷期待地尋找那即將成為我第二個家的辦公室照片。我向人資詢問，希望得知更多關於工作環境的情報，他們都是輕描淡寫帶過，說網路上應該有資料。但我怎麼找，似乎只有一張櫃檯的照片，帶著一絲神祕的暗影。雖然心中充滿著疑問和好奇，但我相信，一切都會在我抵達的那一刻，呈現真相。

年代久遠的新創公司？

報到的那個早晨，我緊握著所有的文件，深吸了一口氣，踏入了公司的一樓。這個大廳簡單得出奇，只有幾張散落的沙發。對面，一位看起來像工程師的男子靜靜坐著，我們的目光偶爾交會，但彼此保持著距離。直到人資出現，我們才開始有了交集。原來，這位名為「烏龜」（Turtle）的男生和我一樣，都是新加入的設計團隊成員，還是位設計工程師（UX Engineer）。緊張的氛圍中，我們交換了簡單的自我介紹。

我們隨著人資到達七樓，那一刻的景象讓我幾乎認不出這是一家科技公司。眼前的辦公室，彷彿停滯在八〇年代，暗淡的燈光下，還有一個被棄用的櫃檯，竟然成了某位設計師的辦公桌！這裡的一切都那麼「原始」：只有兩間蹲式馬桶的廁所，與我在 Yahoo! 習慣的豪華環境形成鮮明對比。免費午餐、免費喝到飽的拿鐵、高級 Herman Miller 辦公椅和 iMac 大螢幕，都已經成了過去。

但這不正是我渴望的嗎？那種未加修飾的真實、那種滿懷熱情的車庫新創風格。是的，或許我失去了些許的奢侈，但我找回了專注產品設計的初心、那份純粹的熱情。以前 Yahoo! 的同事在我加入當天，還私訊問我新辦公室怎麼樣？我只是敷衍地說，沒什麼好拍的，就是一般辦公室嘛！

事後回想，其實當下真的覺得自己加入東南亞的詐騙集團，怎麼這麼原始跟破舊，連工作模式都非常野生！但每一位在這棟塞西爾閣大樓（Cecil Court）

辦公室打滾過的前同事都會說，正是那些不確定、充滿變數的日子，給了我們最深刻、也最有意義的經歷。

剛踏入辦公室，我被帶到自己的位子，並正式認識了我的主管——略帶幽默感的小平頭Danis。而負責領導整個設計團隊的，則是一位自信滿滿、充滿氣勢的女強人小丹。她一見到我們，就給了我們倆大大的擁抱，一陣閒聊後就立即交代了首項任務：我們需要在短短的幾天後，飛往雅加達進行考察。

圖32　Grab 的辦公室

儘管我們身處新加坡，但我們的任務視野是全東南亞，這次，我們得去實地體驗雅加達的交通現場。我心中忍不住浮現出疑惑：這是真正的新創公司風格嗎？憑我在台灣十年的機車駕駛經驗，我自信地想著，這次我只需要擔任乘客，應該不會太難吧？

當時的 Grab 工作流程相當直接，新員工沒有繁複的入職教育流程，你的主要任務就是坐下、與老闆討論，然後做好即時應變，甚至立刻出差。這種工作節奏和台灣截然不同，但在經歷這種高速轉變和挑戰後，我發現自己更加喜愛這種快速的節奏，以至於未來當我面對較為緩慢的工作環境時，竟然感到不太適應。

22╲
身邊都是大神，我只是個冒牌者？

當我初次踏入這個團隊，設計部門大約只有十幾名成員，卻呈現出國際大公司應有的完整度，幾場的會議跟幾天的相處後，可以發現他們所展現的職能豐富度與專業性，讓我瞠目結舌。

成員各有不同職能，有設計研究、使用者經驗設計師、設計工程師、內容策略師、設計營運管理等等，設計團隊的完整度，正是我選擇加入的其中一個理由，每位同事的背景都令人刮目相看，有從國際科技大廠來的、有從知名設計顧問公司來的、有從新創公司來的，尤其是我們的設計領導人，她的資歷深厚、經歷非凡，曾在多個跨國科技公司擔任設計領導人；坐在我右邊身材魁梧的美國大哥，過去曾是某知名設計顧問公司的設計領導人……。

發現這一切的我，當時真的忍不住產生冒牌者症候群，不知道自己是否真能在這邊立足跟活下去！但換個角度，在充滿競爭的環境中，我才可能成長，這為我打了一劑強心針，相信團隊雖小，但設計思維跟團隊的成熟度，可以讓我在新的環境學習到不同層次的視野、國際化的做事方式。

多做事，少說話

在我決定前往新加坡之前，我付出了相當多努力來做心理建設和實際的準備。我積極地向有國外工作經驗的朋友們求教，詢問他們的生活和工作體驗，以及如何在一個由外國人主導的環境中適應和融入。

有個朋友L跟我說，他覺得我具備自己的專業技能，像是超強的介面設計、prototyping、coding 跟動畫能力，也有在 Yahoo! 台灣這樣的大型科技公司及高成熟度的設計團隊工作過，唯一的問題是如何展現自己的優點、弱化自己的缺點。

一開始我聽不懂他的意思，後面他又補充一個關鍵句——「多做事，少說話」，強調我設計執行的能力，讓大家知道我特別突出的專長，讓我可以在一些重要專案中參與更多。之後如果我的英文與溝通能力有所進步，再來展示其他的設計專業。我聽完後覺得這是一個非常好的策略，也牢牢記在心裡。但除此之外，我應該也要思考，長遠來說應該怎麼生存下去。

面對這家多種族、多語言和多元文化的公司，我需要有明確的策略來幫助我適應。因此，我將這適應過程劃分為三個階段：

一、建立關係，加強溝通能力

首先，建立良好的人際關係至關重要。不僅是與同事，還有與那些可以影響工作流程的利益關係人。但英文如此差的我要跟別人建立更密切的關係，第一個大問題就是加強英文。

為此，我特意加強了我的日常對話和溝通技巧，試著把影集轉成英文字幕，也認真聽電視劇裡面的發音，以前我只會無腦看影集，現在變成聚精會神地聽跟看。我還記得當時為了多了解新加坡的文化，下載了一個叫做 Ho Say Liao 的APP，會教你一些新加坡式英語（Singlish），畢竟要更融入當地文化，至少要學習一些當地福建話轉譯過的詞彙吧。

二、在專業領域中建立自己的價值和名聲

想在專業領域中建立價值和名聲，意味著我必須積極主動一點，不能被動地等待指令，我必須深入了解大家如何執行專案，並在自己的專案上全面發揮，進而展示高品質的成果。最後，基於前兩者的基礎，我認為建立在團隊中的影響力非常重要，這樣才能更穩定地成長。

三、建立在團隊中的影響力

理想是豐滿的，現實是骨感的。我承認，光是實施第一步都感到困難重重，更不用說後面的兩個步驟了。如果我要改變，我不能只是設定目標，我得從「心

態」和「行動」開始調整。

「心態」方面，成長型思維（growth mindset）是非常重要的，在這種不確定的環境更需要擁抱變動，而我發現我總是喜歡挑戰，因為可以跟厲害的人學習與交流，也可以學習如何處理複雜的問題；如果缺乏挑戰性，我很容易就失去熱忱。

但菜鳥如我，怎麼可能一開始就拿到具有挑戰性的專案？所以我心態上就有所轉換，認真處理每個收到的案子，不是「求好」就好，我要展現跟別人不同的一面，譬如說在做一個設計探索的時候，我會嘗試很多方案，並做成動畫去展示整個設計概念。

「行動」方面，我積極參與各種專案，只要是我能夠貢獻的部分，不管我是不是專案負責人，我都很樂於提供幫助，小到小小的 icon 或是動畫展示，大到參與整個 Grab App Redesign 的設計探索，只要一抓到機會、看到其他同事執行的設計工作坊，我都主動想要參與，在參與的過程中，我可以看別人怎麼執行跟推進工作坊，也可以跟其他團隊的利益關係人建立一些連結，未來合作上也可以順暢一點。這些一點一點的大小事務與經驗累積，也漸漸幫助我在團隊累積名聲跟價值。

雖然我剛加入的時候對公司產品不甚熟悉，因此仔細研讀了團隊過去的所有專案，包括其他團隊在做的文件跟設計檔案，仔細觀察會議室貼在牆壁上的使用者旅程地圖，看大家在上面都貼什麼便利貼，不斷地在腦海裡模擬：若是我接下這些專案，我會如何執行？因為不熟悉這些設計框架與設計工作坊的我，需要大量吸收過往大家的經驗。

我也詳細地審視每個同事的專案、研究報告，試圖摸清公司的發展策略與方向，並大致列出這家公司目前在執行的重點與方向，去看每個專案解決問題的方式跟簡報上大家的留言，這不只是為了了解專案本身，還可以幫助我思考領導人跟利益關係人在意的點，這樣我之後在執行專案並放在簡報上的時候，就可以聚焦在那一部分。因為我深知，要在這新的領域裡發揮影響力，我必須吸收每一位前輩的經驗。

或許有人會認為我做的這些動作有點多餘，或是過於小心翼翼。之前因緣際會看到史蒂夫．賈伯斯（Steve Jobs）有句深具啟示的話：「在大學時，我當然無法預見未來那些看似毫無關聯的點會如何串聯，但當回首過去十年時，這一切都變得清晰明瞭。你無法在未來預見點與點的連結，只有回望過去，才能看到它們如何連結。因此，你必須相信，未來某個時刻，這些點會以某種方式為你串聯起來。」

過去的我或許對這些基礎知識毫無頭緒，不知其用，但現在我深深體會到，正是這些根基，為我的未來鋪設了道路。

23／不斷實驗，累積職場技能工具箱

從台灣到新加坡，我很多時候都用了產品設計的方法在幫助自己成長。二〇一六年，我帶著四年的職場經歷踏上新加坡這片陌生的土地，語言障礙和文化差異讓我感受到前所未有的挑戰。在這裡，我必須拋開舊有的框架，重新學習一切，每一步都彷彿在實驗室中探索未知，就像在產品開發的世界裡，實驗(experiment)不僅是一個步驟，還是一種必經的轉變過程。

來到新加坡後，我發現平凡的日常生活，充滿著不平凡的挑戰。從餐廳點餐、超市購物到與同事的簡單日常對話，每一個動作都需要重新學習和適應。去買咖啡豆時，我想請對方幫我磨豆，我還會把 grind 講成 brand，幸好店員理解我的比手畫腳，才沒造成誤會。工作上，我也面臨著類似的轉變。從進行全英文的使用者訪談，到全英文主持設計思考工作坊，每一次的新機會都是心理上的一個小挫折，我需要不斷去調整怎麼才是比較好的方式。

記得第一次用英文進行使用者訪談，每句話的開場、每個問題的提出，我都得仔細思考，生怕語言的障礙影響到訪談的品質。訪談當地人的時候，他們很多方言是我不理解的，解讀時也常常會有些誤解。譬如說新加坡人在地的方言「oh my god, so sian……」我一開始以為是「sand」，想說什麼是「很沙」？上網查也查不到，直到我問新加坡本地人，才知道是「很無聊」的意思。也有使用者說「哇某些餐廳很 Atas」，我完全不知道什麼意思，查了之後才知道是「很華麗、高級」的意思。因為這樣的過程，我都會把這些方言記在筆記本中，搭捷運時就隨手翻閱記憶。而在訪談過程中，我也標註了很多紅字以便往後回溯，這樣訪談結束會比較好彙整。最後，在跟團隊報告的時候，還需要思考怎麼綜合所有訪談，並與各國利益關係人彙報，每個環節對我來說都是新的挑戰，但因為嘗試過，所以更知道下次應該怎麼優化。

而設計思考工作坊，更是一場大膽的實驗。如何用英文推進對話、如何讓來自不同文化背景的團隊成員投入討論，這些都需要我在實踐中尋找答案。這不僅是語言的轉換，更是對工作方式和思維模式的全面調整。

這些看似很簡單，不就是把本來那一套轉成英文版本嗎？但因為公司不同、團隊組成多元，加上我也不是這麼資深等等因素，我必須重新思考要怎麼在新公司執行不同的專案類型。其實，實驗不一定要從很大的專案開始，最好的方式是找到小機會就去應用，這樣當大專案來臨的時候，就可以根據上次小專案的經驗去做優化！

我開始觀察、學習同事們的工作方式，一一彙整成我需要的素材，然後再結合過去的經驗，把工作坊跟訪談因應產品與團隊做出修改，這樣不僅能讓團隊成員在參與過程中有熟悉感，他們也會看到一些新的觀點。我把這些資訊統整與內化再轉變的過程當作一種實驗，每次實驗後，我的工具箱又多了一個技能，然後我又可以再把這技能因應不同專案，做出客製化的調整。因為每次小專案的實驗，我開始更了解產品的全局觀，也更知道不同的專案可以用不同的框架去解決問題。

每一次的實驗，都讓我在這個快節奏、多元文化的新創公司中持續成長。透過不斷的嘗試和調整，我學會了如何在全英文的工作環境中有效溝通、如何快速累積我的工具箱，如何將自己的專長與新創團隊的工作方式融合。我漸漸熟悉在全英文的環境工作，執行上也因為工具箱技能的累積，變得比較游刃有餘。

圖33　迷你工作坊

鎖定低成本、高價值的專案

每個在進行中的專案都一樣重要，不管是公司的專案或是自己在做的 side

project。別人會問我，我要上班、要做社群分享、要去學校教學、要錄製自己的頻道等等，我要怎麼安排時間，難道不用睡覺嗎？

其實，我在排程不同專案的時候，常會舉一個「影響力矩陣工具」作為例子，我們無法一次做完所有重要專案，所以必須排出優先順序，影響力矩陣就是這樣一個工具，評估專案需求所屬的象限，然後排出優先順序。簡單地說，就是以投入成本作為橫軸、影響力作為縱軸，劃分出四個象限。

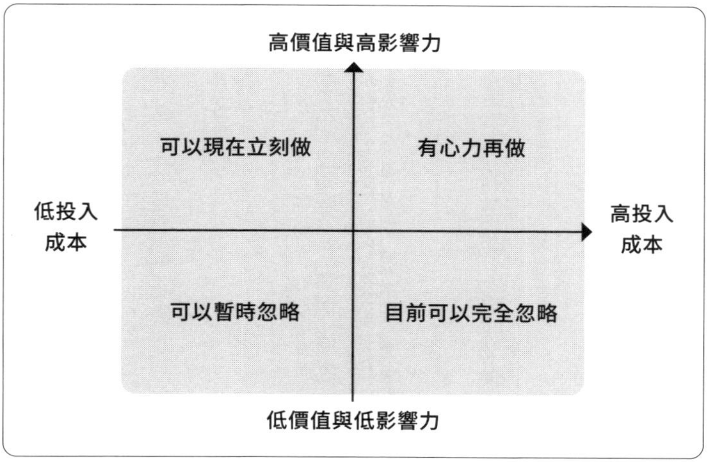

圖34　影響力矩陣工具

第一象限「高投入、高影響」：有心力再做，因為放在這個象限需要長期規劃投入，才能得到較高的價值。

第二象限「低投入、高影響」：可以現在立刻做。

第三象限「低投入、低影響」：因為影響不大，可以暫時忽略。

第四象限「高投入、低影響」：目前可以完全忽略。

當然，你也需要去看自己一週的時間成本，可能一次可以做兩個 side project，但比例跟時間也要有所調整。譬如說第一個專案還在早期需要高投入成本的時候，那第二個專案可以花費的時間就比較少。

人無法同時專注在所有事情上，工作也不是生活的全部，該放下時就放下，該專心時就專心。我想這就是為什麼我可以同時做很多事情的原因。善用時間、排出優先順序，然後調整好自己的心態。

專案管理四元素

專案管理的世界中，我們可以常常聽到四個決定開發優先順序的因素：時間、資源、品質、產出數量。

這幾個元素是一個 Yahoo! 主管開會時提到的，那時我的利益關係人管理能力非常差，很常不知道怎麼排優先順序，好處是我可以快速產出東西，但長久下來也不是辦法，主管那時候看不下去，就在白板畫出這四個元素：「在排優先順序的時候，這四個元素之中，一般狀況是我們只能選擇三個。」

我一臉困惑地說：「為什麼？」

他說：「假設產品經理想要在特定時間開發更多的功能，那我們勢必就要犧牲品質，而且是在有資源的情況下去開發。假設他想要的是高品質的功能，那我們需要的就是資源跟時間，那麼開發超多功能就不是第一優先。」

雖然產品設計師不是產品經理，但我們需要去管理利益關係人，從專案管理的角度而言，在數量、資源和時間取得平衡，才能維持高品質的產品。

所以我們需要依照狀況排列優先順序，選擇三個固定的元素，至少必須保留一個元素是有彈性的，如此一來，我們才知道必要時哪裡還有調整的空間。這也是優先順序的重要性。

聽完之後，我認真回想了我的專案，的確，如果我們什麼都要，沒有排優先順序，造成和團隊之間期望值不對等，只會造成大家的困擾。

「排列優先順序」與「溝通清楚期望值」，是我學到很重要的一課，每當我遇到無法決定的問題時，我都會篩選出我覺得當下情況最不重要的元素，然後繼續前進。

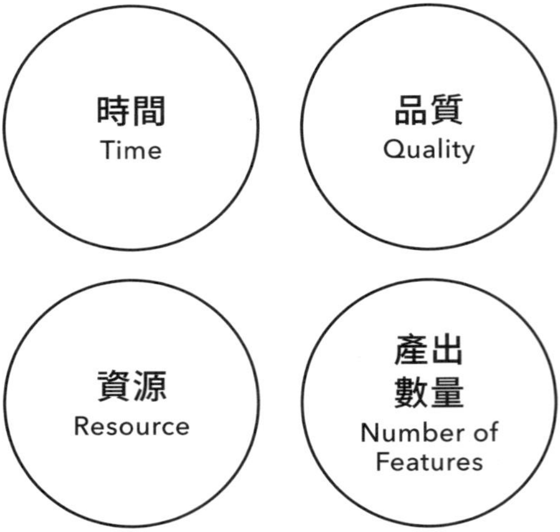

圖35　專案管理四元素

24／我遇到的海外文化衝擊

人的衝擊：雅加達按摩師傅跟小販的故事

當我身在新加坡的辦公室，享受著室內涼爽的冷氣，午餐時捧著來自廈門街（Amoy Street）的海南雞飯和一杯咖啡煉乳（Kopi C），與團隊成員熱烈討論著遙遠的印尼二線或三線城市使用者時，我很難站在他們的角度，理解不同地區人民的生活模式跟文化，也很難理解他們日常生活中面臨的獨特挑戰和需求。

所以，我的工作讓我踏上了探索東南亞多元文化的旅程，我們三不五時就要出差到不同國家做研究，每次海外出差我都特別興奮，除了可以去不同國家看看，還可以體驗當地的風土民情。

有一次我到雅加達出差，當地同事得知我很喜歡按摩，就推薦我使用GoJek的按摩服務，使用過一次後發現體驗非常完整，你可以在下飛機時就預約，然後按摩師傅會在你差不多抵達飯店的時間出現，在一陣舟車勞頓後的按摩，最讓人放鬆。因為這次發現新大陸，所以我每次都會在落地雅加達時先在機場叫GoJek的按摩服務。和不同師傅深入聊天幾次後，我發現他們不僅願意晚上接單，還可以提高收到額外小費的機率，小費還不需要上報平台。

回到新加坡的舒適環境工作，我時常反思自己是否能真正理解那些生活在不同背景下的人們？當地的夜晚工作者，為何選擇在燈光昏黃的小巷中勤奮工作？為何晚上還願意接單？他們面對什麼樣的生活挑戰？這些問題在我腦海中迴盪，但答案並不總是那麼容易揭曉。

然而，隨著一次次的出差，我逐漸踏入他們的世界，聽他們講述自己的故事。這些故事讓我理解，設計遠不只是一份工作，它是一個影響人生的機會，找到一件令你感動的事情，讓你知道你為何而做。每當我搭上飛往另一個東南亞國家的班機，我知道我即將又一次深入這個擁有近六．六億人口的多元區域，這裡的每一個人都有自己的故事，他們的生活和需求與我們截然不同。

有一次我跟團隊正在進行一個線上醫療服務的案子，要前往印尼訪談一間小商家，我們穿越巷弄，來到一個非常簡陋的商家店面。因為我不會講印尼語，所以是由在地的同事主導對話，一開始都還算正常，但我們開始闡述醫療服務時，商家竟然就哭了！我很緊張地問同事，發生了什麼事情？同事安撫了一下對方後就轉頭跟我們解釋，因為這位媽媽家境不好，也沒什麼資源去做檢查，所以身體不舒服就會先拖著，但沒想到之後被診斷出有腫瘤。如果當初有這種線上快速診療服務的話，她就可以早一點知道問題，而不是到現在有點嚴重了才後悔。

聽著一位母親因缺乏醫療資源而面臨的困境，她的眼淚讓我深刻感受到，我們的產品和工作能夠對遠方的人生產生何等重大的影響。與使用者面對面的互動，讓我深刻體會到設計不僅僅是為產品塑造外觀或增添功能，更重要的是為真實的人們帶來改變，解決他們的實際問題，提升他們的生活品質。這種直接的交流，讓我對於自己的工作有了更深的理解和熱情，我開始學習從更廣闊的視野去觀察世界，用心感受每個人的生活現況，並努力將這些洞察轉化為有意義、有影響力的設計。

想起以前在台灣的時候，做的產品專案偏向電商跟媒體服務，所以不太會去其他國家進行訪談，更常在公司內部做研究和訪談使用者，而現在我面臨的是跟自己生活的世界截然不同的面貌，那種衝擊力道非常大，同時也增添了一個「繼續留在海外工作的原因」。

現在，當我沉浸在設計的

圖36　一次次的出差之旅

世界裡，我不再僅僅尋求問題的答案，而是尋找如何透過設計來改變人們的日常生活。這樣的轉變讓我感到極大的滿足和幸福，因為我知道，我們的工作遠遠超出了視覺和功能的範疇，我們是在用設計觸及人心、改變世界。這種認知讓每一次的專案和努力都充滿了意義，為我的設計之旅注入了更深遠的目的和動力。

語言的衝擊：訓練聽力的小型聯合國

除了人的衝擊，另外一個最大的衝擊就是語言。公司裡有印度人、新加坡人、美國人、越南人、印尼人、柬埔寨人、荷蘭人、韓國人等等，而我從小是學習美式英文長大的孩子，聽的也是《大家說英語》那種口音，所以當印度人用「連字音跟很多捲舌音」在會議中大肆討論的時候，我除了用百分之一千的精力去吸收外，還要重複地回顧跟反問：「是不是這個意思啊？」

新加坡口音跟越南口音也是我當初很大的瓶頸。新加坡年輕人的母語是英文，老一輩的大多國語比較好，但新加坡人說起話來像機關槍一樣快，感覺像急著把一段話用不換氣的方式講完，很像 YouTube 用兩倍速播放的感覺。而有些越南人則是越南口音非常重，語句之間重音的地方我時常抓不準，上網研究了一陣子才發現，如果要聽懂越式英文，就要知道他們發音的重點，他們很常不發尾音，譬如 Wednesday 把尾音去掉的 Wed-ne-day，就很像越式發音。

當時，我每天都在挑戰自己的英語聽力。在加入的第一週，我大概只能理解三〇%的對話內容，也就是大部分都聽不太懂，有時候會議結束，腦袋完全一片空白，內心想著：「完了，剛剛的重點到底是什麼？」即便內心迷茫，我仍試圖保持沉著，一返回座位，就急忙將片段的筆記轉化成文件存檔，準備等等在 Slack 上用訊息確認。

為確保沒有遺漏，我還會和參與的同事或主管確認討論內容。幸運的是，大家都非常願意補充我忽略的部分，這時候保持厚臉皮是很重要的，我一直秉持著「多問、多聽、多吸收」的原則，把自己當一張白紙，不害怕丟臉，反正更丟臉的事情我早就經歷過了！我本來就不是標準學霸，不需要事事表現得非常完美，不完美我才有進步的空間。

隨著時間的推移，我發現語言並不是唯一的障礙。由於團隊涵蓋多國背景，每個人與工程師或專案經理的溝通方式各異，這反映了文化的差異，而非僅僅是語言層面的問題。所以，有時候真的不用自己嚇自己，冷靜地去理解情境、多問問題，可以幫助自己更快進入狀況。

其實有很多方式可以習慣跟不同國家的同事交流，會議討論、中午吃飯時間、假日玩樂時間、看影集時間，一開始我都只找講中文的同事吃飯，但我發現這會限制我交友的範圍，所以加入公司不久後，我常常一到四點，就跟著一夥人去咖啡店（Kopitiam）聊是非跟吃半熟蛋，淋上黑醬油跟白胡椒佐食。

用非正式的方式跟不同人對話和交流，是非常有趣跟有意義的過程，大家不用在一個正式的環境討論，而是在一個悠閒的狀態下談論不同層面的話題，像是公司狀況、各國新聞、去哪旅遊、八卦……等等。雖然僅是一杯咖啡的交流，但對我而言，那是深入這片多元文化大地的第一步。我深知，要完全融入這裡的多采多姿需要時間和努力，而我已做好準備，決定全心投入。

25／高速成長的祕訣

累積實力靠的是經驗，而經驗並不一定是成功的故事，很多時候繞了一圈回頭去看才發現，那些看似不完美跟痛苦的回憶，正是加速累積自己能力的關鍵。成長的關鍵在於把自己放在一個「不舒服的位置」，當你覺得充滿變動、充滿挫折，回頭去看，這會是一段幫助你成長的經歷。

不只當滅火隊，同時累積能力廣度

大家都以為我的職涯經驗非常順利、豐富。我在不同公司經歷過多次輪調，負責過各種不同單位的案子，例如電子商城、電影體驗、物聯網產品、防毒軟體、交通運輸、超級APP、溝通體驗、健康照護、金融科技、食物外送、廣告體驗等。每個職務變動大、挑戰也大。以不同職能來看，我曾經是純視覺設計師，也當過前端介面工程師，擔任過設計主管，也做過設計領導人。

雖然看似順暢，但每一步都充滿未知，面臨過無數次失敗的經驗。也正是這些失敗的經歷，讓我成為了一名出色的「滅火隊員」，很多時候老闆都會叫我去不同團隊滅火，我彷彿成為一個能夠適應不同狀況的「即戰力」，可以即刻找出應對方案，並且能夠與不同團隊對接，推進專案完成。

而長期累積不同產品與各種團隊的經驗，也讓我成長為一名全端設計師，從策略、探索到執行，都累積了豐富的經驗，這並不是一天可以累積起來的。

除了當滅火隊之外，可以如何快速累積經驗？我覺得「勇於嘗試」、「不怕失敗」和「擁有主動解決問題的能力」很重要。

每一次的變動和挑戰，都讓我在職涯中成長，學會如何應對不同的問題、如何與不同的人合作、如何在壓力下仍然保持冷靜，找出最佳解決方案。

有次我接手前一個設計師留下來的專案，但卻要補齊很大一筆營收，因為我們要移除一個很大的廣告欄位，我之前完全沒有廣告體驗的經驗，我能做的就是先蒐集兩個團隊的成功指標，定義我們的設計時程，並同時跟兩個團隊的設計師一起做幾場有趣的設計探索，有了設計探索後，我們立刻跟數據分析與商業分析人員做對接，了解每個方案的成功指標與可能性，接著我們把幾個可能的方案分享給高層，高層也給予很高的評價。最終，我們成功推進了最理想的方案，也在幾個月後成功上線。

我覺得任何事情都可以嘗試，不要怕失敗，也不要怕面對挑戰。廣告不熟又怎麼樣？那就去理解它！營收沒跟上怎麼辦？跟數據和商業分析同事一起去解決！不要讓自己待在框框裡，遇到問題就去解決，你會發現一切沒這麼難。

即使產品失敗，也勇敢面對問題

「成功的設計」並不是使用者喜歡的設計，這在某次我以為會成功的專案中得到了驗證。

那次，我承接整個信用卡付款體驗的改版，從一開始的設計探索到使用者研究，我跟團隊花了很多心力去做不同測試與驗證，整體的反應都非常好，使用者非常喜歡。

我們又把整個專案帶到大會議去分享，大家的回應也非常好。

帶著滿滿的信心，與團隊擬定了完整的開發與實驗計畫之後，工程團隊花了幾個月的時間開發，抱著滿懷期待的心情上線了。

沒想到上線後的結果不如預期，非但沒有達到當初設定的成長，整個數據還非常差！團隊頓時士氣低落，大家聚集起來發想、分析不同的可能性，最後擬定出幾個上線後可以修正的實驗方向，試圖找出問題的原因。

沒想到，這時產品經理拋出一個震撼彈——他要離職了！這時候少了一個強大的夥伴，新的產品經理也還沒上手，設計這邊又要專注其他的專案，在資源越來越少的情況下，我們還是擬定出MVP（最小可行性產品），在短時間內做實驗來評估最少變動、但最可能提高數據的方案。一陣篩選與討論後，我們把四個方案推到內部去做實驗。

最後，我們在所有實驗中得出一個合理的方案，雖然歷經挫折，也沒有達成當初想像的設計改版，但這次的經驗讓我深深了解到——做產品沒有絕對，你的一百分可能是使用者的五十分。抱著把產品做好的心，勇敢面對問題才是重點。

管理面臨挑戰，做出有策略的調整

當我還是設計主管的時候，第一次收到團隊成員的回饋，滿心期待地打開績效評價，看到內容後深受打擊。

「你在大型或高階管理會議上往往比較保守，如果能多加參與管理規劃和討論，那就更好了。」

「身為內容設計師，我感到被拋棄。」

「溝通不夠有信心，也不夠明確。」

我自認我的視覺設計能力十分堅強，但在人員管理和高層溝通上，我確實遇到了一些問題。這讓我意識到，僅靠成果說話是不夠的，作為一名管理人員，我需要更積極地與團隊溝通和交流，如果我忽略整體團隊成員的貢獻，像是內容設計師，那我還是一個合格的設計主管嗎？

有次，在一個重要專案中，我因過於保守而沒有充分發揮我的影響力，這直接影響了專案的進展和團隊的士氣，也導致產品經理和設計師對如何推進專案感到困惑。我的下屬更直接對我提出回饋：「如果你能多加參與管理規劃和討論會更好。」「我認為如果你多加評估跨團隊合作的需求，並在任何會議前設定會議流程，將會讓團隊溝通更有效率。」

在沒收到建議時，我都以為自己做得還可以，這些回饋簡直是當頭棒喝。原來管理跟設計真的不一樣，對上、對下、對平行位階的同事進行管理，我做得不夠面面俱到，只在意產品品質是我的一大缺失。

我開始定義我的四大目標，不想再像無頭蒼蠅一樣雜亂無章地做事。第一，我要確保品質，我試圖在每次的設計評審會議給予明確的建議與方向，盡力不只專注於細節。第二，我試圖建立合作的文化，像是設計工作坊 Design Jam 讓大家可以用合作的方式一起做設計，而不是一言堂。第三，我試圖在有其他高層的會議中表達意見，而不是沉默不言。第四，我試圖有策略地讓團隊成員成長，讓他們可以制定目標，並向下一個職級邁進。

在一連串的改進後，獲得了良好的成果，我的團隊成員在下一階段得到升遷；而我帶領的一個大專案改版後，得到來自四面八方的好評，甚至連CEO都稱讚做得太棒了。Design Jam 成為了一個文化，大家會主動在週五早上十點到十二點出現在會議室中。

因為這次的成功，工程團隊經理在未來的很多會議都會主動幫設計講話，因為他們認為設計方案非常具有說服力，我們在他們心中的信任度大幅提升！

26／海外工作的全英文洗禮

從國小一年級開始學英文後，這件事完全沒有盡頭，就像一個想擺脫卻擺脫不了的壓力。一直以來，我們的教育體制都不停地測驗我們的英文程度，國中考高中、高中考大學的指考（我考了二十分）、出社會要考多益、出國要考雅思、托福（第一次測驗六十分）或是GRE。在這種體制下，我們要如何驗證英文程度怎麼樣呢？很多人問我：「在台灣的外商工作，英文要多好？」抑或是：「在海外的全英文環境，英文要達到什麼程度？」

在台灣的國際外商而言，九〇%的時間我們都可以用中文解決問題，開會跟平常交流都是用中文，只有回信的時候需要用英文，這也是台灣人最擅長的

「寫」跟「讀」。那個年代沒有 ChatGPT 或是 Google Gemini 去幫助你潤飾信件，很多時候也是要靠從小建立的英文基礎去回信。那時候，Yahoo! 設計團隊的大老闆是外國人，帶著一股害羞又英文不好的自卑感，我都不太敢跟大老闆交流跟聊天，因為我連說出完整的英文句子都有問題，更何況是一來一回的對談。當我看到 Yahoo! 其他曾出國留學或是本來就在國外長大的設計師，跟大老闆交流的時候，我都羨慕地遠遠眺望，那時候的我也希望有一天可以這樣順暢地用英文對談，可以聊設計跟生活，不至於只能吐出幾個簡單的句子「Yeah! I'm good!」「Sure!」我也希望可以跟大老闆聊專案、聊職涯，但因為語言，一直到大老闆離職，我都沒有辦法跟他完整對話。

到了新加坡後，我深知自己的「聽力」與「口說」只有國中程度。過去我曾覺得要把一整段話理解清楚，確保文法沒錯才可以說出來，實際進入全外語的環境我才知道，我沒有那個空間去好好思考，然後才從嘴巴吐出來。原來英文口說最重要的不是每字每句都精確，而是把它當作溝通表達的工具。對我來說，要用我這「破英文」在每天八小時的全英文環境生存，這是非常巨大的挑戰，我需要找到一個方法度過在海外工作的第一年陣痛期。即便是用帶有錯誤的「破英文」，也要勇敢地表達自己。

面對這全新的挑戰，我開始尋找各種方法來提升我的聽力與口說。我逼自己多聽多說，即使犯錯，也要在錯誤中學習和進步。我參加各類英文會議、利用線上資源練習聽力，甚至在日常生活中盡可能與外國人交流。這一系列的努力，讓我慢慢適應了在新加坡的英文工作環境，也順利通過六個月的試用期。

用獨特技巧累積英文能力

從小家人總半開玩笑地說，把孩子丟到國外，他們遲早會變成「外國人」。有資源的人的確也會把小孩丟到國外，或是讓他們長大後出國讀書。但當我決定跨出國門，面臨語言的挑戰時，這句話似乎不再是玩笑，而是我必須面對的現實。當然，將自己「丟到國外」並非萬無一失的策略，這種速成的方式，如果不慎使用，可能會適得其反，畢竟，如果試用期未過，我可能不得不收拾行囊回台灣。

既然已經踏上這條路，我只能盡力嘗試並適應。我逐漸意識到，對於英語不是母語的人來說，在海外生活和工作，需要掌握幾個關鍵：

一、不論你的英文詞彙量多少，不要只記艱澀的單字，能實際應用最重要：我常常在書局看到多益單字七千字，買回去之後發現我每次都要從頭開始背，背了又不會應用，下次又忘記。很多詞彙我又會搞混，尤其每次都卡在「A」開頭的單字……久而久之就變得非常挫折。我的心得是，不要一個字一個字背下來，而是以情境化的方式記下來。譬如說我在新加坡餐廳看菜單，會認真去看菜單的單字，搭配上面的一些圖片，在這情境下就很好記住一些餐廳相關的單字。

二、文法固然重要，但不用糾結自己當下有沒有講對：沒有完美的文法，只有講不講得清楚的英文。英文是溝通與表達的工具，我們從小的教育希望我們文法都能正確，但換個方式想，我們在講中文的時候，也很常用錯文法，但大家還是聽得懂。最好的方式是，你學到一個句型，把它記下來，隔天在會議上直接使用。久而久之，這會變成一種常態記憶，你可應用的詞彙量也會越來越多。

三、做簡報不要用不熟的單字，重點在於說故事：在海外工作，一定會面對世紀大魔王——簡報。針對這個大魔王，除了口條的訓練，還要在全是外國人的地方用英文表達。我的心得是，不要用艱澀的詞彙增加整個報告的難度，用簡單的詞彙也可以把故事講得很好。不要害怕英文文法或是忘詞，主要是記住每個環節要闡述的重點，這樣就算忘了你當初要講的句子，也可以換個句法去分享。當然，反覆練習是關鍵，不管是不是用母語做簡報，一定要把整個故事背到滾瓜爛熟——有了一百二十分的準備，就算出了差錯，也還有九十分的成果。

四、別怕口音丟臉，錄下做簡報的自己：可以把自己簡報的過程錄下來，回頭去看自己的肢體語言跟發音，不要覺得丟臉或是羨慕別人的英式／美式口音，只要整體沒問題，沒有人管你丟不丟臉！講錯是正常的，帶著學習的心態，不要因為幾次的嘲笑就放棄。英文本來就不是我們的母語，知道自己要加強的地方，努力加強就好了。要學好英文，就放下無意義的面子，臉皮厚一點比較重要！

五、擁有自己的單字庫：當我生活中或是工作中遇到新的詞彙，我都會把它記下來，在搭捷運、上廁所或是無聊的時候打開來看。自己記下來的好處是，知道當初為什麼會記下這個單字，也可以隨時把口袋字典拿出來複習。現在我回頭看當初自己記下的詞彙，會發現真的進步很多。

六、善用網路持續學習：Netflix 跟很多影音平台都有英文字幕，如果想學英文，我建議大家先下載 Google Chrome 一些可以同時看中文字幕的小工具，不要一開始就開全英文，先從中英文字幕對照開始。看劇學習的好處是可以模仿、可以記下例句、可以在腦中建立視覺記憶。有時候看到有趣的片語，可以按下暫停，學習對方的口音，獨自講十遍。

透過心態的調整和不斷的努力，我開始逐漸適應這個新的生活環境，英文能力也在不知不覺中提升。我開始可以不需要在每個會議全神貫注地聆聽別人在說什麼，我開始可以像在台灣工作時一樣，輕鬆理解會議目標，然後開始開會。這樣的成長讓我更有信心繼續在海外工作，也確實漸漸站穩腳步。

27╲搭上東南亞超級APP成長特快車

二〇一六年八月，通過層層關卡得到機會的我，順利到了東南亞工作。當時我以為只是到一個產品長得很像 Uber 的東南亞新創公司工作，想體驗新創公司的步伐，累積履歷中不同的經歷，就這樣開啟了一連串的冒險。

沒想到，在加入後短短一個月的時光，Grab 在二〇一六年九月拿到一筆非常巨大的融資，當時融資額為七．五億美元，公司估值三十億美元，從那時候起，所有的一切如同乘坐時光機器飛速地進行。不僅設計團隊飛速成長，員工編號也從加入時的一六〇〇變成上萬，根本是指數型發展的大型新創公司。公司也有越來越多專案要去執行，步調越來越快，我們三天兩頭往印尼飛，雅加達如同第二個家，我甚至不需要把行李箱收起來，隨時做好出差的準備。

隔年的二〇一七年，融資又獲得二十五億美元的資金，其中包含軟銀、滴滴出行注資的二十億美元，那時候創下東南亞地區新創企業最大規模的融資紀錄。後續每當聽到又一輪融資，大家都已經麻痺了，但也因為每次的融資，公司的策略與步伐越來越快，組織越來越大，服務也隨之越來越全面，從一開始的叫車服務，到支付體驗，後來又開始涉足食物外送與提供消費者和商家的包裹運送服務等。從原本只是交通運輸起家的公司，到二〇一八年時，已經開始布局成為東南亞第一的超級APP。

在這快速成長的公司，每個階段都像華麗的產品開發旅程，充滿有趣的挑戰與經歷。從一開始跟 Uber 對打，到收購 Uber 東南亞整體業務，後面又開始與 GoJek 競爭。身為從二〇一六年就加入、並經歷所有關鍵專案的設計師，一眨眼之間發現公司已經變成如此巨大的十角獸（因為市值已經遠超獨角獸規模），設計團隊從之前的十多人，變成後來一百八十多人的大團隊，我從沒想過有機會經歷這樣的冒險。

重新設計東南亞第一的交通運輸APP，影響六億人口的日常

我加入 Grab 之前，曾經在泰國的一次旅行途中看過 Grab 的廣告，那時我坐在一般的計程車上，與我這台車並肩的另一台計程車身，貼著 Grab 應用程式介面的文宣，我當時內心踫踫地覺得：「這設計真的好差，隨便找個設計師都可以做得好一百倍！」

身為局外人的時候，都可以悠哉地評論別人的產品，但自己身歷其境才知道，挑戰遠比想像中大很多。

並不是每個人都有機會在高速成長的公司，接觸到大型的改版專案。幸運的是，我在加入公司後的幾個月，就開始接觸這個重新設計的大專案，但我發現擁有遠大的理想，跟現實會遭遇的困難完全是兩回事，因為重新設計一個在東南亞每六個人就有一人使用的產品，並不如想像中這麼簡單。

我們必須滿足八個國家、四百多個城市的需求，這包含了不同國家的在地化功能，像是須思考各國政策的法令問題、實際上的交通狀況、多元語言問題

（東南亞每個國家使用不同的語系，所以並沒有通用的語言，光是字體的不同跟語法的不同，就要花很多心力去做在地化的處理）、不同群體行為與文化差異（科技產品的熟悉程度、服務的應用情境、宗教的多元性、不同的日常作息），還要針對所有 Grab 服務，思考它的可擴展性，以及在有限的時間內探索更多的可能性。隨著公司業務的快速擴展，Grab 在同一個 APP 裡面持續增加不同的功能，也就是說，這個應用程式已經變成一個巨獸，存在著非常多的技術債（technical debt）跟限制。

此外，對於現有應用程式的舊有碼（legacy code）問題，這些無法預測的事件並不是這麼容易解決。同時，我們還需要在商業目標、技術可行性和使用者需求之間，找到一個完美的平衡點，重新設計整個使用經驗、思考適配所有需求的架構，並分析使用者行為，進而適應他們的心智模型，創造更好的交通運輸體驗。同時，在整個設計任務中，我們必須思考如何滿足所有利益關係人的需求，並取得共識，讓團隊可以朝一個共同的目標前進。

為了讓改版專案可以更順利地進行，Grab 的設計團隊通常會先開始一連串的設計工作坊，幫助團隊找到共識，並邀請所有相關的利益關係人參與，包括工程師、產品經理、研究員、設計師。此外，我們瘋狂飛到印尼做多輪的使用者測試，研究人員也會在做完研究後分享使用者洞察跟現有的數據資料，這一切的一切，都是希望所有的核心成員可以從使用者的角度出發，建立同理心，同時也從不同角度（使用者／業務／工程可行性）腦力激盪更多的想法。

圖37　設計工作坊

那時候我們擠在狹小的辦公室，把所有設計貼在牆上，跟著團隊的人一一檢視與討論，做了無數次沒日沒夜的視覺語言探索，大家完全不知道是否可以把專案成功推出去。設計大老闆會定期跟我們對焦方向，大家也充滿熱情地做各式各樣的嘗試……不幸的是，這專案做到一半就喊停了。

在一個高速成長的公司，專案的優先順序會不斷變化，這是一件好事，因為這代表公司保持彈性的步伐，並持續調整方向，而在這樣的節奏下，設計師必須抱持著穩定、成長的心態去面對這樣的變動。雖然當時專案暫停多少有點失落，但大家很快就調整步伐，繼續做其他專案。

沒想到過了幾個月，因為技術債、商業與產品策略的調整，我們又重啟這個專案，做了無數個使用者研究與測試，並參與和N個利益關係人的會議，就是為了把這龐大的專案推出去。

在五十多個原型、無數的UX flow和設計疊代之後，我們終於定義出MVP版本。我們重新設計了整個乘客端的訂車體驗，並發布了一套新的地圖元素，以提高可讀性和通用性，還為Grab的APP創造了一個全新的設計語言。

從重新設計，變成超級APP

但產品設計永遠沒有結束的一天，對於我們來說，推動並實現它只是改版專案的一小步。我們在這專案有更多事情需要完成，我們需要改進很多的體驗、修復很多的 bug、順應未來 Grab 的商業策略做適度的調整，超級APP專案就是在改版專案進行到一半時，從公司商業角度發展出的一個大需求。

公司現在，要成為東南亞第一個超級APP。

而我們也因為這突如其來的需求，大家迅速重組、調整策略，只用幾週就快速定義好超級APP的新首頁，並持續在印尼與新加坡來回跑，就為了滿足商業策略的需求，並適配整個改版專案的架構。

作為這兩個專案的主要設計師，在短短的時間壓榨了所有的精力，看似不可思議的時程，卻也讓我飛速成長為一個可以獨當一面的資深設計師，我也在二〇一八那年，晉升成為產品設計領導人（Lead Product Designer）。如果說那些沒日沒夜的過程是一段又苦又酸的回憶，但通常就是經歷過不同凡響的起伏

後，才會意識到這過程的美
好，也是職涯中令人難忘的
一個篇章。

圖38　座落隔壁的競爭者

28／在日本國際外商的六個月

二〇一八年底，我提出了辭呈，打算跟這充滿回憶與挑戰的公司告別。當我公布了這消息，訊息如雪片般飛來，大家都問我要去哪裡？為什麼要走？是因為更好的職位還是更好的薪水？但我必須老實地跟大家說，都不是，而且我還放棄了很多還沒領到的股票。

對於我而言，長期待在一個穩定的地方，我會覺得無聊。那時候公司已經開始朝向穩定的大公司前進，而我還在一個需要刺激跟期望快速成長的階段。我想帶給自己一份「不安定感」，而不是「穩定感」。而我選擇開始一連串的面試，我希望去看看外面的公司跟保持成長力，而不是一直在熟悉的舒適圈。

這階段的求職過程沒想像中久，因為「重新設計交通運輸體驗」跟「超級APP」兩個專案的經驗，我得到很多的機會，最終也幸運地選擇了一個我不太熟悉的領域——國際招聘與求職網站。這個機會是成為 Indeed 在新加坡的第一個設計團隊成員，非常具有挑戰性，不僅需要影響在新加坡的產品開發流程，也需要到日本兩個月，去學習日本團隊較為成熟的流程，並帶回新加坡影響團隊。對我而言，這不是一個領導職位或是管理職位，卻是一個充滿不確定性的機會，我知道最具挑戰性的不是「產品」本身，而是建立「影響力」跟創造「文化」。

抱持著這樣的想法，我毅然決然辭職，並火速加入新公司。

作為 Indeed 在新加坡第一個招募的設計師，我給了自己幾個目標——「建立設計流程、影響團隊成員的設計思維」或「建立文化」。雖然我不是設計主管，但我也可以從幾個面向去影響團隊。

所以，我加入第一天，就急急忙忙跟在日本的大老闆一對一談話，老闆說：「我覺得你可以慢慢來，不用急著在第一個月就要推出什麼專案，我給你的任務就是：認識大家、產品與公司。原則就是 Take you time……」

我當下其實有點不適應，因為我剛從一個高速發展的新創公司出來，那時候的我們每兩週就要把專案做到一個清楚的方向，節奏非常快，上班第五天就飛到印尼做研究。現在我突然被要求「慢～慢～來～」，讓我突然不知道該從何下手，以及「慢慢來」到底是多慢？

會議結束後，我靜靜坐在辦公室的角落，沉浸在自己的思緒中。我心裡想著：「其實換個方式做事，不就是我想要學習的地方嗎？事實上，沒有一種固定的方法適用於所有情境，重點在於我們如何靈活地適應不同的工作環境，並創造出最合適的解決方案。」

雖然知道一切要慢慢來，但我還是一直主動並持續與我的主管溝通，制定每個階段需要達成的目標，同時也被提醒：「Rice 不要急，所謂的影響力不單是成功地做到某件事，其他團隊成員就會被影響，而是持續穩定地從小地方做出改變。」當大家的思考在同一條水平線時，我們的影響力才有意義。

隨時適應變動的成長特質

在這次的經驗中，我發現有幾個特質可以在職涯中培養，而我也很常聽到主管或是旁人對我有這樣的評價，曾經有一個設計主管跟我說：「Rice，你是一個很能適應變動的人，不管在什麼樣的狀況，我都可以放心把專案交給你。」

這幾個特質，可以讓我在任何狀況中保持成長力：保持彈性、正向思考、開放心態、利益心態。

保持彈性（resilience）

當面對不熟悉的問題時，不要急著用故步自封的方式去思考，試著去保持彈性，不要害怕改變。像我剛加入時，一切都是不同的節奏，我還是一步步慢慢來，先跟大家熟悉並建立信任關係，熟悉後開始從小專案去影響團隊的工作方式，而不是一開始就跟大家說：「嗨！我們明天就要跑一個一整天的工作坊喔～」如果是強制大家接受，一定不會有人接納我的意見。

正向思考（positive thinking）

遇到挫折時，不要先指責他人或指責環境，而是去思考為什麼會這樣、有沒有可以做得更好的地方。不要因為別人不想參與你的活動而感到挫折，要從別人的角度思考：「為什麼他們不來參加？」「為什麼對他們而言這不重要？什麼對他們而言是重要的？我該從什麼場合切入，去影響大家呢？」那時候我想著，如果要表達使用者的聲音，最好的方式就是在中午吃飯、或是一些輕鬆的場合，跟大家分享使用者的分析洞察，讓大家不是在正式會議上接收訊息。

開放心態（open-mindedness）

用開放的心態接收任何人給的回饋，把它當作成長的禮物與動力，而不是覺得別人要刁難你。反之亦然，即使你的專業能力很強，也不代表你各方面都非常完美，舉例來說：給別人的專案回饋也是一門學問。你會希望對方能夠從你的回饋中得到幫助，而不是感到挫折，因此怎麼拿捏講話語氣與建議的顆粒度，都需要不斷地學習與練習。

利益心態（benefit mindset）

做任何事時，要想到這件事可以怎麼幫助到其他人或整個團隊，不是只從自己的利益出發。不要只想著「我要把這文化建立起來」，或是「我要把這專案推出去」，要想著我推出這個提案，帶給A團隊跟B團隊的好處是什麼？所以他們會願意支持這樣的提案。這樣的思考，會幫助你更容易推銷自己想要的方案。

因為這次在日本國際外商的經驗，我又開始深思職涯的下一步——我想擔任設計領導人的職位，我想真正創造影響力。因此，我又開始了一連串的求職旅程。

29／一對一談話，能吃嗎？

在我離開 Grab 後，陸陸續續也聽到一些元老級員工開始尋找自己的下一步。我們親身經歷了公司從小規模的新創企業成長為十角獸、巨無霸，很多當初一起奮鬥的早期夥伴，在這階段都會開始思考：「我還能為公司帶來什麼價值？」要麼繼續貢獻並找出自己的目標，要麼尋找新的機會。這是一個自然的過程，每個人都在尋找適合自己的成長空間。

從日本受訓回來的那個月，我有幸被邀請參加一個元老級設計成員的離職歡送會。那天，長長的桌子旁坐滿了人，只有一個空位。我直接坐了下來，對面是一個穿著時尚、留有鬍子的外國人。前同事過來介紹說，這是 Grab 新來的設計總監（Head of Design）。我們稍微寒暄了一下，他提到下次可以一起喝個咖啡，我立刻答應了，並互相加了 Instagram。

你可能會覺得這不過是一個普通社交場合的對話，我們既沒聊工作，也沒聊專案，更沒聊過去的背景，為什麼這件事情重要呢？

對於過往的經驗而言，這些不起眼的對話和一對一談話（one-on-one meeting），正是人脈連結的開始。人脈的建立往往不是在正式的商務場合，而是在這些輕鬆的社交情境中發生的。這種非正式的互動，讓我們能夠更自然地了解對方，建立起初步的信任。

對於只工作幾年的我而言，人脈是職場發展中不可或缺的一部分。與新設計總監的這次簡單對話，為我們未來的合作奠定了基礎，即便當下沒有立即的合作機會，但這次相遇讓我們彼此留下了深刻的印象。

我們在那次對話後，約在一家文青風格的咖啡廳見面。那次聊天成為了我重新回到前東家擔任管理職的契機。其實那次見面我並沒有急著表明想尋找下一階段的機會，而是先輕鬆地互相了解，也稍微知道了前東家的現況。

我們聊了許多話題，興趣、人生、音樂，直到快要結束時，他才問：「那你現在有興趣回來嗎？」他直接切入重點讓我有點措手不及，但我已經準備好了一整套的故事以備不時之需：為什麼我現階段會想換工作？為什麼選擇管理職？現在公司的情況如何？我也釋放了我正在跟其他公司面談的資訊，這樣更能展現我的市場價值。

最後，我們聊到新機會的可能性、職涯規劃和下一步的打算。這次談話不僅讓我看到了新的發展方向，深入了解後，也讓我多了幾分的確定性，並明確知道在幾家公司中，哪家才是適合我轉職管理角色的公司。

無論是在職場中還是生活裡，與人建立聯繫的重要性不容忽視。這些看似隨意的對話，往往能在關鍵時刻帶來意想不到的機會。

一對一談話的價值

不管是在咖啡廳輕鬆的一對一閒聊，還是公司內部正式的一對一談話，這樣的交流有價值嗎？這是我在職涯初期一直思考的問題。

令我印象深刻的一次一對一談話，是我早期加入 Grab 的時候，曾經與 Grab 共同創辦人慧玲（Hooi Ling Tan）的一對一談話。那時候慧玲掌管著整個產品體驗，我非常訝異有機會直接接觸共同創辦人，事後想來，這次對話我並沒有充分把握好機會學習，心中不免有些遺憾。

在新加坡工作一段時間後，我才深深感受到一對一談話的價值。這段時間裡，我接觸了無數次的一對一，與上級、同事以及下屬都有過深入交流。尤其擔任設計主管的時期，每次一對一如果是三十分鐘，十次一對一就是五小時，作為管理職，一對一的確非常重要，我要向上、向下管理，我要理解狀況，我也要有效率地傳達上面的資訊並與團隊共同執行。

漸漸地，我學會並建立了定期一對一的習慣，也慢慢理解到其重要性。那麼，一對一一定是正式的嗎？是否有什麼技巧可以讓這些對話更有價值？

網路上有很多文章探討一對一的價值，但也有持反面意見者。像黃仁勳在 Stripe 的一場活動中提到：「除非有必要，不會找員工一對一開會。」他認為，高頻率的會議不僅沒有效率，還會消耗大量的時間。他直接管理五十五位領導人，相當強調效率的重要性。

然而，我認為在職涯早期和成長階段，一對一談話是不可或缺的。尤其是與上司的定期會議，通常會有以下幾個主題可以討論：

一、建立關係：聊聊日常瑣事，建立長期的信任和關係，有時候講到自己挫折的地方跟困難，是很容易跟人深入交流的話題。譬如說自己房租太高、自己的職涯困境，或是下個月的旅遊規劃等等話題。

二、溝通挑戰：如果專案有挑戰或困難，這是給予老闆更多相關訊息，並一起思考解決方案的好機會。

三、職涯發展：亞洲人的謙虛習性往往成為職場上的絆腳石。很多人等到做出成績才敢討論職涯和升遷，但提前討論有其好處。這可以讓你與老闆對焦目前的職級、貢獻與責任，也可以公開且透明地討論自己的目標，理解到達下一階段的差距。千萬不要怕跟老闆討論跟表達你想升遷的目標，透明跟理性的溝通往往可以帶來不可思議的發展。

四、蒐集回饋：得到別人的回饋有兩種管道，一是日常從主管或同事那裡獲得，另一種是績效評估。千萬別只找同級或資歷比自己淺的人做評估，不要害怕接受不同領導者的建議，他們的視角可能會讓你豁然開朗。

說起來，我在新加坡的第一個一八%加薪，就是從一對一談話中得來的。剛到新加坡時，每週或每兩週都會與老闆有固定的一對一談話，通常會在咖啡廳或會議室快速聊三十分鐘。隨著時間的推移，我開始理解到一對一的價值，有時候也會討論到職涯規劃，並不時提到自己的職涯目標和現況。

當然，不能只是一直要求加薪，而是要有策略地展示自己的價值後，才「厚臉皮」地提出要求。這樣的策略性對話，不僅幫助我更加理解自己的職涯方向，也讓老闆看到了我的努力，也因為這樣，老闆會給予更多有潛力的機會，讓我好好發揮與成長。最終，我的努力得到了回報，並在加入後八個月獲得了令人滿意的加薪幅度！收到的當下老闆還問：「這樣的幅度你滿意嗎？」我則是充滿微笑地點頭回應！

這些看似隨意的一對一談話，實際上是職場成長中不可或缺的一環。它們不僅能幫助你建立更深的工作關係，還能提供一個平台，讓你展示自己的價值並獲得回饋。這些點滴積累的交流，最終將成為你職場生涯中持續累積的資產。

30／「專業職」跟「管理職」的選擇

以前作為一個專業設計師，升遷、當主管或是團隊影響力都不是第一目標，那時候心心念念的想法就是做出一個「代表作」，一個大家都知道是「Rice 設計的專案」，而且成功推出並上線。

那時候的我，看到國外知名設計師在平台上發表他們某些知名設計作品的思考流程，我也一直幻想著有一天可以成為那類型的明星設計師。

所以，當我有機會做到影響東南亞六億人口生活日常的APP，也成功上線重新設計的專案後，我也開始思考著：「下一步是什麼？」不是說下一個工作，而是除了代表作，我作為一個設計師，我的下一階段目標在哪？現在是不是我職涯的轉捩點？

這時候「轉換管理職」浮現在我腦海中。我開始認真地思索我的職涯，因此從 Grab 畢業後，我開始思考哪些是我最不擅長的？我發現「管理」對於我而言，是一個我從沒想過的角色，也不確定自己是否能勝任這個角色，所以我開始覺得「成為領導者」可以是我下一階段的目標，但我必須先累積相關的經驗，最終我決定加入國際公司 Indeed，成為第一個新加坡團隊的設計師。

雖然當初我有表達自己未來的職涯，是希望從初階設計領導人開始做起，不急著轉換跑道，也不急著擁有頭銜，但實際跳到新公司後，卻跟自己想要的大相逕庭。我是想在公司創造影響力，但我不想只從產品的角度創造影響力，因此我意識到，我勢必要成為一個「真正的主管」，而不是拿著設計師的頭銜去思考當主管的事情。

所以當我產生新目標的同時，我就開始思索著幾個當主管的可能性。《當上主管後，難道只能默默崩潰？》（*The Making of a Manager*）書中有提到，當主管有幾個可能性：第一是你是創辦人，當然就要扛起責任。第二是團隊規模變大，組織越來越多層級，所以必須有中間的管理階層，所以自然而然會從基層設計師，變成團隊裡面資深且可以開始帶人的「過渡性管理者」，跟團隊的人有一定的熟悉度。第三就是空降部隊，外面招募的領導者。第四就是前主管走了，下面的人升上去成為主管。

以我當初在 Indeed 的狀況，短期內不太有任何可能性朝這目標前進。所以我有兩個選擇：第一，我可以繼續待著並朝設計主管邁進，但可能需要三年或五年，也有可能根本沒機會。第二，我可以向外尋求機會，雖然機率不高，但沒試試看怎麼知道？

專業職跟管理職的差別

腦袋有了目標，但我真的知道什麼是「管理」嗎？從設計師到資深設計師，以年資來說一般至少需要三到五年的時間，當然年資只是一個參考指標，每個公司衡量的標準也不太一樣。而資深設計師至少需要五到八年以上的年資，才能進入領導團隊。

其實，大型的科技公司通常有兩種職涯軌跡，當你越來越資深，不一定就要成為設計主管，也不一定要成為設計主管才是領導職。通常科技公司提供兩種管道——「專業職」或「管理職」，也有些規模較小的公司會有混合型的設計領導人（Design Lead），這角色不僅要推進產品策略，也要管人。

- **設計管理者（People Manager）**：管理團隊。
- **設計個人貢獻者／專家（Individual Contributor）**：不負管理責任、沒有直屬的下屬，專注於整個組織的產品策略、願景、設計品質與組織影響力。
- **設計領導人（Design Lead）**：要做設計，也要管人。

這些角色共同的地方是會需要負責設計決策、產品策略，對於領導、溝通等軟實力都有一定的經驗和要求。對於管理職沒有興趣的人就會偏向朝專家前進，所以專家也會有晉升的管道。

對於我而言，想朝組織領導發展，我勢必要經歷中間的設計領導人／小主管（Design Lead）或是首席設計師（Principal Designer），或是產品設計經理的角色。

很多人會問，那晉升之路中，這幾個角色有什麼差別？領導職跟管理職的區別到底是什麼？為什麼又有首席設計師這個角色？

- **組織領導職**：俗稱設計總監等級的人物（Head of Design 或 Design Director）：團隊的高階管理者。
- **管理職**：大家認知的設計管理者（People Manager），著重於以團隊為單位運作，涉及產值、目標達成以及人力資源的配置。
- **設計領導人、小主管（Design Lead）**：成為管理職或是領導職中間的過渡，不會帶領一個非常大的團隊，通常團隊在三到五人之間，但同時自己也要動手做專案。
- **首席設計師（Principal Designer）**：專注於提升整個團隊的設計品質、

推動公司願景與策略的核心人物，不是管理職也不是組織領導，不會管理團隊，但自己要動手做專案、跟各部門合作推進願景專案或是影響力大的專案。

我從來不限制自己的道路，但我想試試看不同的職能，我知道哪一塊是我不擅長的，所以替自己設定了在二〇一九年成為管理職的目標，但成為管理職真的有這麼簡單嗎？

一直以來都是設計專家的我，完全不太知道設計主管的作品集要怎麼做，即便有了目標，也很難開始第一步。我很好奇大家對於主管的評估標準是什麼，那時的我沒有任何想法，只能在 LinkedIn 上一直搜尋設計主管作品集，或是在網路上查找資料，同時也詢問周遭的人怎麼準備設計主管職的面試？作品集要做什麼調整？但仍然沒有什麼頭緒。

有次我跟 Indeed 的同事聊到我的困境，我發現作為一個設計師在找管理職會有很大的挑戰，別人會擔心你沒有經驗，也會擔心你是過來破壞文化的人。

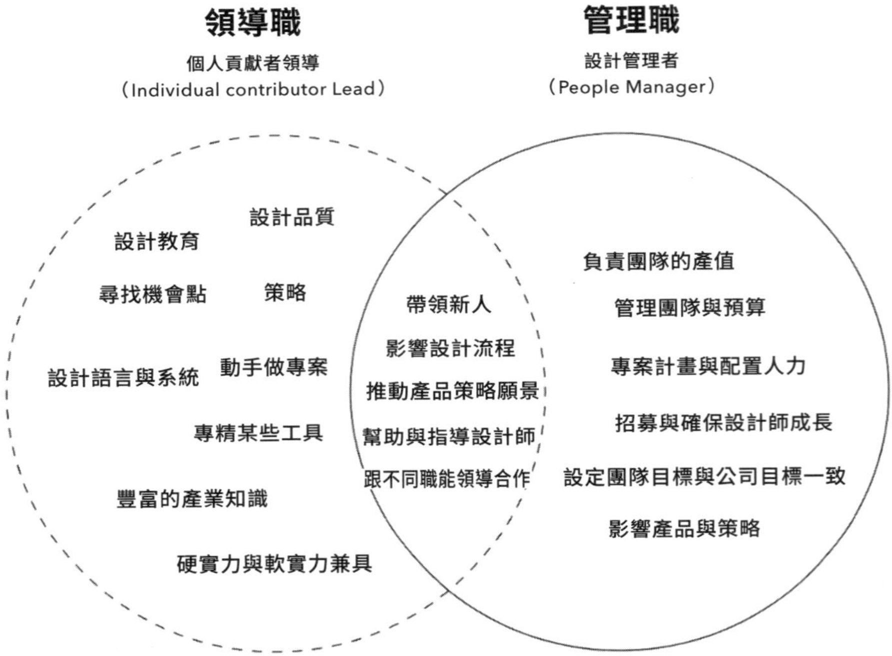
領導職
個人貢獻者領導
（Individual contributor Lead）
管理職
設計管理者
（People Manager）
設計品質
設計教育
尋找機會點
策略
設計語言與系統
動手做專案
專精某些工具
豐富的產業知識
硬實力與軟實力兼具
帶領新人
影響設計流程
推動產品策略願景
幫助與指導設計師
跟不同職能領導合作
負責團隊的產值
管理團隊與預算
專案計畫與配置人力
招募與確保設計師成長
設定團隊目標與公司目標一致
影響產品與策略

圖39　朝著主管之路前進

同事說：「你應該要設定一個計畫，不要像無頭蒼蠅一樣。而且我面試一定要有個合理的故事，想好我為什麼要成為管理職，如果自己都無法說服自己，要怎麼說服別人？」

這段話讓我重新思考，我目前作為一個設計師，有什麼故事可以拿去面試？是突然心血來潮想成為主管？還是真的想好要做管理職？那時候我以「面試時別人一定會問的問題」作為出發點，列出幾題關鍵問題，這樣至少我知道該怎麼回答。

Q：為什麼要當設計主管？理由是什麼？

A：「加入這家公司是因為有機會成為團隊領導者，但加入後發現無法施展管理的能力，同時我本身對設計管理很有興趣，我已經當了六年的設計專家，已經有足夠的經驗，可以推進複雜專案的進行與跨團隊的影響力，也知道怎麼確保設計品質，我想自己有足夠的基礎，可以轉向管理職發展，所以如果有設計管理需求的話可以考慮我。」

這段話講的就是，加入團隊後與期待不符，但也接觸到管理職相關內容、並已累積足夠的領導經驗，只是公司暫時沒有類似的機會，所以才會向外尋求別的可能性。

Q：為什麼一定要管理？

A：「雖然我可以把專案做得很好，但在管理這塊，前三個月在 Indeed 的確做了類似的工作，也幫忙影響與建立工作流程等等，因為這樣的經驗，我發現我蠻喜歡管理職負責的內容，也非常有興趣，而且我發現那才是真正可以改變產品方向的機會。我花了很多時間請教許多設計領導者，理解設計管理的責任，了解之後發現自己並不排斥，因此我想有機會的話就試試管理職。」

這段話就是闡述對於管理職的認知與理解，也嘗試過管理，讓對方知道你的決心與想法。

Q：現在的公司不好嗎？

A：「Indeed 非常好，薪水高、福利好、PM積極、Engineer 也好、對設計師非常好，但我想要的管理機會不多。如果我要有更多設計管理的機會，待在目前的團隊不太可能。」

這個問題有非常大的陷阱，不要說現任公司的不好，別人只會覺得你是一個「不願意面對問題與解決問題的麻煩人物」。試著從機會與自己職涯規劃的觀點切入，這樣不僅可以讓別人知道你對於未來的規劃，也可以看出你積極主動的一面。

當我釐清這些問題後，我就開始了「設計管理求職之旅」，也開始跟很多不同的公司面談，幸運的是因為我之前專案的成功，蠻多公司願意給予小團隊領導者的機會。多方評估後，我最終還是回到了 Grab，作為風險投資專案的設計領導人，主要原因是這個角色面臨的挑戰最大，對初階管理者是一個很好的開始，我不僅需要從零到一建立產品、還要建立自己的團隊與流程，一切都是我不擅長的，因此我下定決心回到 Grab。

31／當上設計領導人就一帆風順啦？

很多人常常問我這些問題：

「如何保持成長？」

「何時覺得自己應該要當主管了？」

「當主管會不適應嗎？」

「被下屬質疑怎麼辦？」

「保持彈性」是某個主管形容我的詞彙，描述一個人面對不同事件，都保有適應力、彈性跟韌性，能用較強的心態去面對。我反問主管，是從哪一個面向看到我這個特質？他說我面對不同的變動，不管是職能的變動、團隊的變動、專案的變動或是組織的變動，我提出的問題總是：「這個東西的挑戰是什麼？短期目標、長期目標是什麼？目前挑戰是什麼⋯⋯？」我可以接受各種不同類型的任務，抽象的、大型的、小型的，然後都可以完美地完成並且做得很徹底，這是我的優勢！

我自己回想過往每次的變動，在同一家公司換了六七個核心產品、換過六七個老闆、換過無數次的團隊，在這過程中，我想的往往是面對與擁抱問題並執行完成，雖然面對變動我也會錯愕，但會更聚焦於該怎麼面對。

面對一樣的問題，有些人可能會想著：「好煩，又要換團隊，組織變動太大了吧？」「我可以勝任嗎？會不會不適合？」然後就思索著要換工作、要換老闆作為下一步。而我想的則是，如果換了團隊，我可以累積什麼樣的經驗？我來這個團隊要創造的影響力與故事是什麼？

所以，對於前面那些問題，我的回答是：「做下去就對了，船到橋頭自然直。」你可以帶點質疑，也可以害怕面對，但整理好心情，就好好去表現吧！

如何與有防備心的下屬溝通

後來我順利拿到設計領導人職位，帶著期待又緊張的心情重新回鍋 Grab。其實我不太知道我要開始做什麼、這個職位代表的意思是什麼，還有從設計師轉換成設計主管的角色，我發自內心不確定自己能否做到，擔心團隊認為我不夠格等等。但真的上工後，開始跟利益關係人開會、理解狀況、設定目標，其實一切都像在做產品設計，只是解決的問題不一樣。

剛當主管時，我最不擅長的就是與下屬一對一談話。特別是與團隊中一位個性直率且臉臭的新加坡設計師對話時，我總是感到莫名緊張。一方面，我擔心自己的英文不是母語，回答不好或者冒犯到對方；另一方面，這位設計師每次都會用非常直白的方式給我建議，我雖然能接受，但每次對話都讓我感到壓力。

有一次，我的頂頭上司在聽完這位設計師的簡報後，私底下用 Slack 訊息告訴我，這次的成果非常不理想，要我好好重新看過，並向對方傳達這個回饋。我知道直接照實轉達可能會讓情況變得更糟，於是我轉念一想，這些回饋可以由其他人口中說出來，效果可能會更好。

我召集了團隊，對大家說：「嘿，XXX的專案審查做得很不錯，但總體而言還是有些需要微調的地方。我們一起來做些小工作坊，討論一下整個使用者旅程如何改進。」這樣一來，這位設計師不會感到單獨被批評，反而會更願意接受來自團隊的建議。透過這種方式，我們不僅改善了專案，也加強了團隊的凝聚力。

這次經歷讓我明白，作為主管，不僅需要學會如何有效地傳達回饋，還要用「對」的方式傳達「負面回饋」，並懂得利用團隊的力量來共同進步。這樣的做法不僅能減少個人壓力，還能讓整個團隊在合作中成長。

簡而言之，我們要做的就是「解決問題」，只是我現在的職能不一樣，解決問題的工具與方式也會有所差別。除了開始跟利益關係人開會，我還開始和其他設計主管之間一對一談話，理解其他不同團隊主管的挑戰與目標，並且閱讀相關書籍、報名相關的設計管理課程以汲取更多知識。

當你開始解決問題的時候，就如同拼拼圖的過程，你會把簡單的先拼上去，然後會漸漸看出一些規則，最後你就會越來越順地知道自己該怎麼做，逐漸把整塊拼圖完成。

馬不停蹄的主管生涯

然而，當主管後，這樣就夠了嗎？這就是美好旅程的開始嗎？

其實不然，當主管不等於可以開始命令別人，也不是大富大貴的開始，做得不好還可能一失足成千古恨。況且成為主管並不是晉升，而是轉換職涯的跑道，在大公司成為主管也只是領著一樣的薪水，跳到另一個職涯路線。如果我是有五年經驗的專業設計師，在第六年轉成設計主管，那我等同於只有一年經驗的初階設計主管，所有事情都要從頭做起。

我那時候承接公司「線上醫療服務」的產品設計主管，團隊中沒有半個設計師，我是團隊中第一個具有設計職能的人，代表我要身兼「設計師」與「設計主管」的角色，所以我必須尋找資源。我那時要頻繁跟設計顧問公司合作，還要在上海、新加坡與印尼跑來跑去，工程師在上海、產品營運團隊在印尼，部分設計與產品經理在新加坡。

除了要馬不停蹄地撰寫我要招募的設計師職位描述（Job Description，JD）、並跟獵頭合作找人才，還要擬定跟顧問公司的合作計畫，以及與產品總監對焦未來半年的產品路線圖（roadmap）與設計團隊規劃（design team plan），早期沒有資源，還要跟設計顧問公司借調兩個全職的設計師，才可以解決團隊三個月的燃眉之急去推進專案。

擔任設計主管感覺每天都很忙，忙著開會、帶領產品策略、招募、資源對焦，還要確保產出的品質，打開行事曆都是滿滿的會議，從早上一直開到晚上六點，完全沒有時間做團隊計畫，很多事情都要自己抽空做。

當時我會笑著跟朋友說，以前都說不知道主管在幹嘛，沒有什麼實質產出又感覺很忙，但自己身在其中才發現，這真的就是主管日常！加入後的一週，我記得我寫團隊計畫寫到半夜十二點，我當下驚覺，當主管後最常開啟的軟體居然是 Google 文件或是 Google 試算表，而不是 Figma 等設計軟體。

由於我的招募不只是在新加坡，但我對於印尼求職市場非常不了解，所以我必須跟獵頭合作。跟獵頭合作的好處是，他們可以針對你的需求跟預算、時間去找印尼與新加坡的人才，為我省去一大麻煩。那時候每天的下午，我至少有兩個小時都在面試、打電話。幸運的是，我在一個月內找到新加坡設計師，並快速招募對方入職，後續印尼成員也迅速入職，一切看似很快速，但背後可是做了超多工作！我那時候每天打開 LinkedIn，逐一詢問我認為符合ＪＤ並有興趣的人才，看了上百封履歷與面試了十幾個設計師，才找到真正滿意的人才。

第一次建立團隊，本來就不可能百分之百完美，也不是完全都是自己會的東西。但我們要有自信，告訴自己「我可以勝任這個職位」。我原本有的是帶領專案的能力，包含了專案管理經驗和訓練新人，剩下的則是需要另外補足的領導能力，包括建立團隊、招募、找人／找資源、管理人才等等，雖然是第一次當主管，但我願意邊做、邊討教，才能在短短幾個月內建立自己的設計團隊，並讓團隊專案快速步上軌道。

32／邁向成功領導者之路

帶領團隊後，並非一切都從此順遂。職場多年的經驗讓我深知：好的主管能帶領你通往成功，而不適任的主管則可能將你引向困境，如果做得不好，主管也會隨時被換掉。主管的風格多樣：有的像嚴父嚴母，讓下屬談之色變；有的則可能欠缺方向感卻自尊心過強，不願意授權；有的策略明確、管理能力出色，成為團隊的核心與強心針；也有的責任心不足，遇到問題便推諉卸責。

我看過各種各樣的案例，有親身經歷、也聽過身邊人的鬼故事，作為失敗的主管，團隊的成員會漸漸離你遠去，要麼換團隊，要麼離職，即使留下來，也在找尋離開的機會。

成功主管如何帶領團隊

作為一名主管，需要明確界定自己的管理風格和原則。以前我是團隊的專業設計師，現在站在管理者的位置上，我應該是怎樣的領導風格？這個問題在我拿到管理職前，一直環繞在我腦中：

「我是一個怎麼樣的主管？」

「我會是一個成功的主管嗎？」

「我有辦法鼓舞人心嗎？」

我知道我是一個出色的設計師，但出色的設計師不一定是出色的主管。有次我朋友跟我說，當你成為主管，你就不需要是那個唯一發光的石頭，讓整個團隊發光才是我的成功。這句話點醒我這兩個角色的差異。

我擁有豐富的設計背景和對細節的敏感洞察，我知道我不僅能夠帶領團隊達成具體的產品策略目標，還能確保這些策略能夠精準地反映出市場需求和使用者期望。因此，我自行定位我的領導方式——「透明溝通」和「尊重」，我尊重每一位團隊成員的獨特貢獻與團隊定位，我相信這不僅能夠激發團隊的創意，也能加速我們解決問題的過程。

二〇一九年，我出差了二十多次，當我在上海、新加坡和印尼間穿梭，領導著全新的線上醫療服務設計團隊時，我面臨了不少挑戰。一開始，團隊對印尼的醫療環境、藥品分類及當地居民的日常醫療需求了解不足，這些都是跨文化管理中常見的問題。為了增進團隊的理解和同理心，我安排了多次前往印尼的交流、設計研究，並在當地舉辦工作坊。為了與工程團隊溝通無礙與緊密合作，我們持續飛到上海，討論技術實踐的困難與解法。

在一次角色扮演的工作坊中，我將團隊成員劃分為多個小組，每組由來自新加坡及印尼不同職能的成員組成。我設計了幾個具體的線上醫療情境，讓每組成員扮演不同的角色，從患者到線上醫生，從醫療評估到藥品運送。經由這種角色扮演，團隊成員不僅能夠從實際情境理解印尼消費者的痛點，更能在模擬情境中親身體驗和解決問題。大家不再是根據自己的經驗去理解產品，而是站在不同使用者的角度，這種發揮「同理心」的方式非常有效，團隊成員在工作坊後紛紛表示非常有趣，希望之後可以多辦這種工作坊。

這種互動的方式，大大增強了團隊的協作和創新能力，成員們在工作坊結束後共同討論和反思，提出了許多創造性的解決方案。這不僅幫助團隊更快融入印尼市場，也鞏固了他們作為一個團隊解決實際問題的能力。最終，我們把這些想法實踐在產品願景。

這個經驗教會我，成為一名有效的主管不僅需要「策略」和「管理」技能，更需要能夠「激發團隊的創造力」和「協作精神」。領導者的工作並不僅僅是管理日常營運，更要引導團隊一起面對挑戰，共同突破。像是我們雖然在短時間內推出第一個版本，但可惜的是，我們發現二線城市或是更偏遠的城市無法複製同樣的體驗，我們就需要快速擬定策略、前往二線城市做市場研究。快速調配資源、跟核心團隊共同解決問題、幫助團隊成功，才是作為一名主管真正的成功。

什麼是失敗的領導？

如果把一個團隊想成一艘船，好的領導者就是幫助船前進的核心。好的主管可以是受人尊重的領航員，也可以是在船的底部控制引擎的海員角色，默默在後面付出並幫助團隊成功。

反之，什麼樣的主管是失敗的？這是我在多年領導經驗中反覆思考的問題。我曾經作為一個設計管理者，也曾經作為一個個人貢獻者領導，角色不同，卻都持續幫助我累積「領導」這塊的能力。在觀察台灣和國外的工作文化後，我認識到「建立信任」、「溝通的頻率」、「專業技能」與「認識管理角色」，在領導的角色中占有極其重要的地位，無法做到這些，就是失敗的領導。

無法建立信任

在領導的藝術中，「建立信任」是至關重要的一環。它不僅是團隊成員對領導者的信任，也涵蓋了跨部門的信任以及上級對領導者的信任。一位設計師曾經在前往捷運站的車上與我討論績效評估的事情，他剛結束與老闆的一對一談話，老闆表示他過去半年不夠積極，不能有效推進更高品質的產品，並建議他頻繁彙報進展與挑戰。他問我：「我應該常常去跟老闆對焦狀況嗎？」

這位設計師的困惑透露了一個深層的問題——信任的缺乏。從我對他的了解來看，這位設計師原本就是個勤奮且有潛力的員工。但當信任斷裂時，即使平日表現出色的員工，也可能感覺自己受到質疑，這不僅阻礙了他的自然表現，也削弱了他的自信和主動性。

我對他說：「如果是另一位信任你的上司，你可能就不會來問我這個問題了。你會更自然地與對方討論問題，不會懷疑自己當前的做法是否正確。」

這段對話其實就在講「信任」的重要：在領導職務上，如果缺少了基於信任的開放溝通，即使是最有才華的團隊，也難以發揮最大潛力。領導者應該首先建立和維護信任，不僅確保團隊成員感到被尊重、價值被認可，也讓他們感覺到自己的工作環境能提供支持和鼓勵。

信任的建立不在一朝一夕，而是透過一貫的行為、透明的溝通和真誠的關懷來逐步建立。一旦建立了信任，領導者和團隊之間的互動將更加流暢，每個人都能在環境中發揮更多潛能，共同推動專案前進。

缺乏溝通

在台灣，我觀察到許多主管和下屬之間的溝通非常少，我第一份工作的經驗就發現，一對一談話並不是常態，有時候主管找你一對一，可能是代表「有問題發生了！」

我曾經也對一對一充滿著恐懼，因為我第一份工作的一對一，就是主管把我叫進去，責備某項專案的思考不周全，讓我當場落淚，也是我人生第一次在職場落淚。因為這次事件，我對於這種一對一談話充滿著陰影。

台灣很多公司都沒有將一對一當成固定的文化，導致問題和不滿不斷累積，等到問題爆發時，往往已無法挽回。相比之下，我在國外的工作經驗中，每週與主管的一對一談話是常態，即使只有短短的三十分鐘，這樣的定期交流不僅使我能夠及時了解專案進度，我們還會討論職涯發展、團隊挑戰、生活大小事，所以一對一也是一門藝術，並不是一個無聊的常規會議！

好的主管有「判斷事情與溝通的能力」，反之，不好的主管很常給予了意見，但團隊都不知道方向，不確定老闆要的是什麼，自行猜測卻猜了一個錯誤的方向，然後老闆又會責備下屬這方向不對。如果老闆可以清楚傳達方向，下屬可以誠實表達他們的困惑，是不是就可以減少這樣的失誤？

無法保持專業技能

此外，我也發現一些管理者在升到管理職位後，逐漸忽視了保持自己的專業技能。在管理崗位上，雖然打開 Figma 或 Sketch 不再是日常工作的一部分，但保持對專業知識和行業發展的敏感度仍然非常關鍵。

想像一下你在團隊中有很多的設計評審會議，在這些會議中，設計領導人常是主持人和給予團隊方向與建議的角色，如果離產業現況太遠，那給予的建議不僅抽象、不實際也不全面，久而久之，會很難在團隊中保有權威和領導力，進而難以獲得團隊的尊重和信任。

缺乏對管理角色的認識

成為主管並不意味你將獲得無限的權力，反而是一份重責大任。一個常見的誤解是，有些人以為成為主管後，就能掌握所有的權力，期望下屬必須無條件服從。這是一個大錯特錯的想法，管理不是一個「上對下的結構」，而是「下對上的結構」。主管要支持團隊成長、幫助團隊成功，而非把功勞都攬在自己身上，這樣誰會留在這個團隊呢？

主管一定要知道「團隊的成功才是你作為管理職的成功」，放下個人成就，才會走出盲區，進而引導團隊朝正確方向邁進。如果團隊成員沒有持續的動力跟來自上面的讚賞，又沒有明確的職涯目標，就沒有持續留在這團隊的向心力，一個沒有向心力的設計團隊，久而久之就散了。

我看過最失敗的主管是「指責型主管」，這種主管常常有幾個特質：

- 希望你照著他的想法做事，但反過來說你缺乏思考、沒有主見
- 當眾攻擊你，只為了刷存在感
- 故意刁難小事情，卻不重視關鍵策略
- 為了給意見而給意見，讓團隊忙得團團轉後又回到原點

• 錯的永遠不是他，出了問題第一個反問你當初怎麼會這樣做

總之，「建立信任」、「有效溝通」、「持續累積專業技能」和「認識自己的角色，放下高高在上的光環」，是成為一名成功管理者的關鍵。作為一位領導者，我們應該努力成為能帶領團隊克服挑戰、激發創新的主管，而不是讓團隊成員遠離或失望的主管。在不斷變化的職場環境中，這種主動的、參與式的領導方式，將是推動團隊和組織向前發展的強大動力。

33／你的個人特質，才是你的價值

當我們談到吸引人的個人特質時，無論是在職場上還是生活中，這些特質往往比我們所具備的技能更加重要。每次在招聘時，十個人裡有八個會問我：「你們在找什麼樣的設計師？」或是「理想的設計師應該具備什麼樣的個人特質？」

我的回答通常會涵蓋幾個方面：「設計基礎能力」、「設計策略」、「領導力」，但我始終強調最重要的一點是「好的人格特質」。這不是一個絕對的標準，但確實有其邏輯可循。每個人都有自己獨特的魅力，這些特質可以讓你與眾不同。找到並展現這些特質，將成為你在職場上贏得他人尊重的關鍵。

從公司的角度來看，每個職位都有明確的職位描述和評估標準，但這些都只

軟實力(Soft Skills)

領導力與團隊合作

領導力（Leadership）
推進能力（Facilitation）
溝通（Communication）
團隊合作（Teamwork）
談判（Negotiation）
傾聽能力（Listening）
社交技能（Social Skills）
多項任務處理（Multi-tasking）

個人特質

創造力（Creativity）
時間管理（Time Management）
謙遜（Humility）
成長心態（Growth Mindset）
好奇心（Curiosity）
說故事能力（Storytelling）
主動性（Proactivity）
問題解決能力（Problem Solving）
韌性（Grit）
靈活性（Flexibility）
真實性（Authenticity）
動機（Motivation）
自我調節（Self-regulation）
同理心（Empathy）
自我認識（Self-awareness）

設計思維與策略能力

批判性思維（Critical Thinking）
系統思維（System Thinking）
跨學科協作（Interdisciplinary Collaboration）
視野拓展（Visionary Thinking）
決策能力（Decision-Making）
設計倫理與責任感（Design Ethics & Responsibility）

硬實力(Hard Skills)

設計基礎

品牌（Branding）
插畫（Illustration）
視覺設計（Visual Design）
文案（Copywriting）
工藝（Craft）
介面設計（UI Design）
動畫（Animation/Motion）
數據視覺化（Data Visualization）
互動設計（Interaction Design）
原型設計（Prototyping）
體驗設計（UX Design）
訊息架構（Information Architecture）
線框圖流程設計（Wireframing）

設計策略

服務設計（Service Design）
草稿（Sketching）
故事板（Storyboarding）
使用者研究（User Research）
設計思考（Design Thinking）
產品思考（Product Thinking）
產品策略（Product Strategy）

技術能力

程式（Coding）
設計工具（Design Tools, 如Figma, Sketch）
數據分析（Data Analysis）
互動原型設計（Interactive Prototyping）
設計系統（Design Systems）
AI與機器學習應用（AI&ML Applications in Design）
無障礙設計（Accessibility Design）
測試與使用者意見整合（Testing & User Feedback Integration）

圖40　設計師硬實力跟軟實力的需求技能

是基礎。真正讓你在職涯中脫穎而出的，是那些獨特的個人特質——那些能讓人記住你、欣賞你的特質。

圖40列出作為設計師軟實力跟硬實力的大致需求技能，可以看到個人特質占了六分之一。也就是說，這決定了你作為一個設計師或是設計主管，別人對你能否留下深刻印象。

在我走過的職場十餘年裡，我常常觀察身邊那些在職場上如「神」一般存在的同事。他們的背景和學歷並不一定出自常春藤名校，也不一定來自FAANG那種知名公司，但他們都有著各自獨特且吸引人的特質，並在菁英中一枝獨秀。

例如，有些同事具備「解決問題的能力」。這些人面對困難時，不會退縮或抱怨，而是冷靜地分析問題，找出策略並付諸行動。他們的這種特質讓人印象非常深刻。有些同事說故事能力一流，不需要任何簡報，就可以在台上講一個小時。有些同事非常主動，願意主動學習、主動推進專案，跟這類同事合作完全不用擔心。

那如何找出自己的特質呢？去問跟你的工作關係密切的三個人，像是工程師、產品經理跟設計師，請他們講出三個最符合你的個人特質，看他們會列出什麼，有時候你會得到意想不到的答案。

或是你可以從過去績效評估的結果，觀察同事都給你什麼樣的建議。例如，我經常聽到同事們說：「Rice 是團隊中最有創造力的，無法想像沒有她一起做設計發想會多無聊。」從過往的各種觀察，讓我更加確信，創造力是我的特質之一。

解決問題的能力：超越困境

解決問題的能力是職場中一項非常關鍵的特質，特別是在設計和產品開發領域。這項能力不僅僅是對眼前問題的回應，更是一種能夠超越困境、推動進展的思維方式。

曾經，我們團隊來了一位來自法國的新同事。他初來乍到，對現有的設計系統提出了很多質疑。他迅速召開了一次會議，將所有相關的設計師集合在一起，開始討論我們設計語言不統一、開發流程緩慢等問題。

當時，大家的反應並不積極。

「這些問題我們早就知道了，但我們的日常工作已經讓我們應接不暇，根本沒有時間和精力去解決這些根深蒂固的問題。」

「就算我們想開始，怎麼找到工程師去做？」

「如何跟產品經理協調專案排程？」

質疑聲浪接踵而來。這是一種常見的現象：當面臨大規模變革時，人們往往更關注阻礙，而不是解決方案。法國同事的會議並沒有立即改變現狀，但四年後，我們公司確實有了完善的設計語言，他也成為了設計系統的主管。他在那次會議中表現出解決問題的決心，推動了這個專案從無到有的過程。

這個經歷教會我，解決問題的關鍵在於「開始」。我們太早設定界線，也代表著我們太早「設定我們會失敗」。事實上，沒有什麼是容易的，但如果你有勇氣邁出第一步，並且持之以恆，成功的可能性遠比你想像的要大。法國人這故事告訴我們沒有困難的事，只有願意開始的決心。

韌性：堅持不懈，不輕言放棄

在職場上，韌性是另一種至關重要的特質。它是面對困難時的堅持，是在遭遇挫折後的再次振作。畢竟，隨著公司規模擴大，推動專案往往變得更加複雜，進展也可能變得緩慢。這一點在 Grab 這樣的大型組織中尤為明顯。某次，我與老闆進行了一對一談話，坦白了自己對工作進展的失望，覺得過去一年來，自己並沒有顯著的成就，許多專案也停滯不前。

我的老闆並沒有直接安慰我，反而指出了一個我之前未曾意識到的問題：「你最近承接的願景專案是一個很好的機會，但你卻顯得缺乏信心。當你說『我會試試看』的時候，其實是對自己能力的懷疑。我希望你能夠有信心地說：『我做得到！』這樣才能讓別人看到你的韌性和自信。」

這次談話讓我重新審視了自己的態度。回想起來，當我剛承接線上醫療設計團隊時，面臨的挑戰比現在還要艱鉅。那時候，整個團隊處於初創階段，我不僅要負責招募新人，還要制定整體計畫、推動專案進展，並親自參與設計。我頻繁往返於上海、新加坡和印尼之間，但最終成功地完成了這一切。當時的我，靠的就是那股不服輸的韌性。

韌性讓我在困境中保持冷靜，讓我能夠堅持不懈地推動專案，即使遇到巨大阻力也不輕言放棄。這種精神在職場上尤為重要，因為它不僅關係到你的個人表現，還影響到整個團隊的士氣和進展。當你展現出韌性時，其他人也會從你身上汲取力量，這種正面的影響力，會進一步鞏固你在團隊中的領導地位。

撕去公司標籤後，你是誰？

有學員問我：「我有幾個選擇：A是一家國際大公司，B是新創公司，C是成長中的中型企業，D是一家顧問公司。我應該選擇哪邊呢？我覺得A最好，畢竟是國際大公司！」

我經常聽到這樣的問題，很多人都認為加入國際大公司就是最好的選擇，因為它帶來的光環和社會認可是顯而易見的。的確，國際大公司能提供豐富的資源、穩定的制度以及廣泛的影響力，這些都是無可否認的優勢。但問題是，這真的適合你嗎？我們在職涯選擇時，不能單靠外部標籤來定義自己的價值和成就。

追求公司的光環並沒有錯，但不應被社會框架束縛。我們經常聽到「進了某某大公司就是成功的象徵」，這種觀念就像國中考高中，大家覺得只有考上第一志願才是最好的路，家長也希望孩子進名校，然而這不一定是每個人最適合的選擇。或許有人更適合技職、商職，走那條路難道不好嗎？

撕掉公司的標籤後，別人會如何定義你的價值？這是值得深思的問題。如果沒有了知名公司的背書，你的專業能力、創造力、解決問題的能力、韌性等等個人特質，才是你作為設計師的核心價值。大公司的名聲固然是一個加分項，但職場的長久成功，來自於你如何運用自己的特質、技能和經驗去創造價值。這些特質，讓你在競爭激烈的職場中依然能夠找到屬於自己的位置，並且走得更遠。

所以，當你再次面對挑戰時，不妨問問自己：撕去公司標籤後，你是誰？你想成為誰？當你能夠回答這些問題時，你會發現，無論職場的環境如何變化，你都能夠自信地面對未來，成為更強大的自己。

34╲首席設計師後的下一步

擔任設計主管一段時間後，我決定從主管職轉回專業職，但腦中也浮現一些擔憂：「現在轉回設計領導人，看似又回到原點，畢竟我已經當了主管一年半，這決定是對的嗎？」

「如果我轉回專業職，但一直升不上去，停留在原點怎麼辦？」

「我轉回專業職，未來還可以轉回管理職嗎？」

從專業職到首席設計師

這些疑慮讓我不斷反思，但最終，我選擇將這些擔憂與當時的設計主管，也就是我們的設計總監討論。他告訴我，每個人都有自己的職涯故事，你只需要找到自己的職涯故事就好，不是每個人的故事都一樣。他從更宏觀的角度解釋，我從設計主管轉到專業職，不代表影響力就會變小，而是可以用更大的視角去看待這個選擇，而不是僅僅用角色去看。

這是什麼意思呢？

我們常常覺得：「我想要被升遷成這個角色。」

但我們應該思考：「這個角色應該做什麼？它的影響力在哪？」

決定轉回專業職後，我非常積極地與老闆討論了未來一年要聚焦的專案，和可以影響團隊的方式。我的目標是成為團隊的首席設計師，希望能在一年內達成這個目標。老闆告訴我，不要僅僅專注於完成專案，而是要思考首席設計師通常會做什麼。

最讓我印象深刻的一句話是：「當你已經在做這個層級的事情時，自然而然就會成功升遷到這個角色。」

老闆看到了我的熱情和積極度，給了我很多機會去做大專案，並讓我加入整個金融團隊的設計評審會議。之前，我專注於消費者付款體驗，這個新經驗讓我有更多機會從全局的觀點，提供有價值的建議給設計師。

此外，我開始從小地方建立團隊的信任。雖然我不再是任何人的主管，但我仍然希望發揮影響力，並讓其他設計師信任我。我設定了每週五早上十點到十二點的非正式設計工作坊——Design Jam。這兩個小時，金融團隊的設計師可以參與、分享問題並一起討論解決方案。起初只有幾個核心設計師參加，但隨著時間的推移，參與人數越來越多，這段時間成為大家擴展視野、交流想法的好機會。

這些小小的步驟累積起來，讓我在團隊中逐漸建立了信任和影響力。我們的設計工作坊不僅是分享設計想法的地方，更成為了解決問題、提出創新方案的平台。每個設計師都可以在這裡自由發表意見，這種開放的氛圍讓我們的團隊更加緊密，合作更加順暢。

不僅如此，我還推動了「整個付款體驗的設計」，這是一個跨團隊的專案，需要與很多不同的高層、產品經理和設計師合作。這個過程需要策略性地讓團隊理解做這付款體驗的必要性，並從商業和產品的角度講述他們的語言。最終，我成功地與五個團隊、十多位設計師，一起設計出更優質的付款體驗。

在這段時間裡，我不斷學習如何在不同層級之間進行有效的溝通，如何在多個團隊之間協調資源、如何在壓力下保持冷靜並做出明智的決策。我的原則是，推動八〇%核心的體驗，剩下的二〇%也會漸漸被影響。我明白，成為一個有影響力的設計師，不僅需要專業技能，還需要具備領導力和策略思維。

從設計評審會議，我提升了整體產品的品質；從設計工作坊，我影響了設計團隊的文化；從大專案中，我跨組織推動了產品的變革。七個月後，我成功晉升為首席設計師。

這段旅程讓我明白，我們需要跟上司坦誠溝通自己的目標，但同時也要知道，當你自然而然在做下一個職級的工作時，晉升之路也就不遠了。

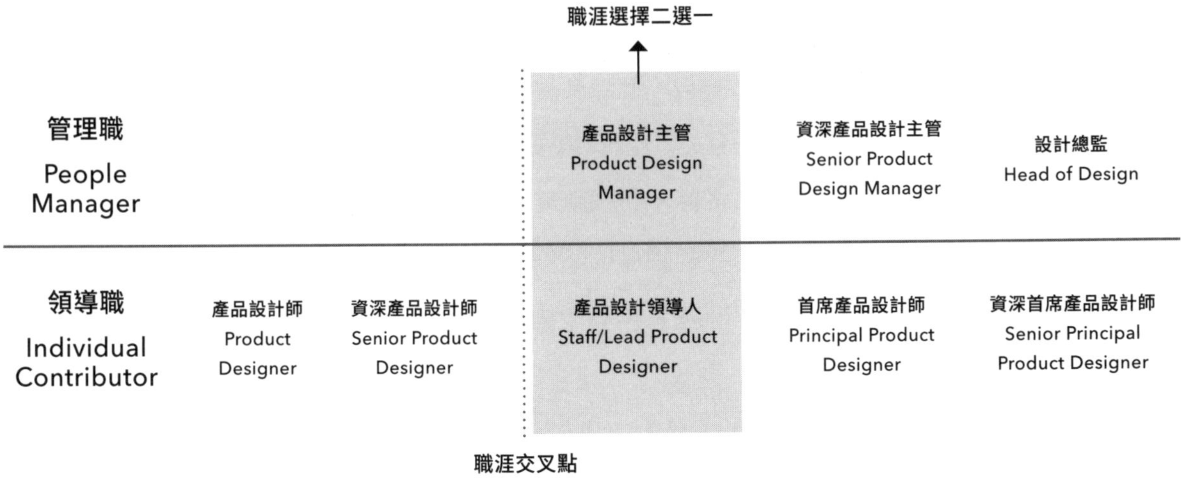
職涯選擇二選一
管理職
People Manager
產品設計主管
Product Design Manager
資深產品設計主管
Senior Product Design Manager
設計總監
Head of Design
領導職
Individual Contributor
產品設計師
Product Designer
資深產品設計師
Senior Product Designer
產品設計領導人
Staff/Lead Product Designer
首席產品設計師
Principal Product Designer
資深首席產品設計師
Senior Principal Product Designer
職涯交叉點

圖41　職涯不是一個線性的過程，每個人都有自己的職涯故事

我的下一步

二〇一六年，我二十八歲，那時的我帶著一點期待、夾雜著一點擔心，來到了新加坡。這座城市充滿了機遇與挑戰，我充滿熱情地投入到這裡的工作和生活中。作為一名資深設計師，我在這裡找到了施展才華的舞台。

在新加坡的前三年，我從一名資深設計師成長為設計專家。這段時間充滿了挑戰和成就。我參與了許多重要的專案，包括整個APP的重新改版設計，以及Grab轉型超級APP的第一版本設計，逐步累積了豐富的經驗和技能。我不僅提升了自己的設計能力，還學會了如何更有效地與團隊合作，如何在快速變化的環境中保持創新。這些經歷為我後來的職涯奠定了堅實的基礎。

二〇二〇年，新冠疫情肆虐全球，生活中的無常變得更加顯著。那段時間，我深深感受到與家人分離的痛苦，因此，我決定申請轉調回台灣，這樣可以更常探望年邁的阿婆，也能夠更常與家人相處。這段時間，我學會了珍惜每一刻，理解了家庭的重要性，並體驗著全遠端的工作。

二〇二一年十二月，看著從新創時期就加入的 Grab 公司在美國那斯達克（Nasdaq）上市，全公司慶祝這個歷史性的一刻。

二〇二四年，我三十六歲，新冠疫情結束，全球經濟逐漸復甦，但科技公司卻掀起了裁員潮。因為團隊需要，我從 FinTech 部門被轉調到規模更大的組織——整個 Grab 消費者端體驗部門，涵蓋了外送、交通運輸和超級應用整體體驗，因為業務範圍擴大，我申請轉調回新加坡，希望跟團隊成員更緊密合作，公司也支持我的決定，幫我再次轉回新加坡。

幾個月後，我再度踏上了新加坡的土地，這次的感覺與初次來時完全不同。當初的陌生感和緊張消失了，取而代之的是一種熟悉和不捨。不捨的是與家人再次分隔三千公里，每兩個月才能見到阿婆。這次回到新加坡，我內心充滿了對未來的思考：這次會在這裡待十年嗎？台灣是否有更好的機會？我職涯的下一步是什麼？

在職業發展方面，我仍然在尋找具有挑戰性的工作。我無法接受每天做一樣的工作並尸位素餐，可能我會想再次轉回管理職，可能還會繼續朝更資深的首席設計師邁進。經過四年的磨練，我累積了越來越多的領導經驗，這讓我渴望嘗試新的角色，挑戰新的高度。

原以為會在新加坡 Grab 繼續待個一陣子，但機會的大門再次為我打開。二〇二四年十月，我決定離開 Grab，加入全新的領域與新公司——ＯＫＸ，ＯＫＸ是全球第四大加密貨幣交易所，這個機會反而是「管理職」，擔任產品設計部門資深設計主管，主要負責 Web3 Marketplace、Discover、DeFi 的設計體驗。在工作轉換的決定上，我一直遵循「推力」和「拉力」的思考方式。對我來說，並非每個選擇都理性，但明確分析是讓每個選擇更有價值的過程。

推力（Push Factor）

- **時間與成長**：二·五加五年，從設計師、設計主管到首席產品設計師，我在 Grab 的每個成長階段都已經歷過。
- **穩定的舒適圈**：在 Grab 的日子太過穩定，少了新的挑戰，讓我開始思考是否能在這裡學到更多。
- **自我提升**：我還渴望能在不同的環境中，磨練自己的設計領導力。

拉力（Pull Factor）

- **機會**：新的公司提供更高的成長空間與全球化的影響力。
- **薪資**：除了生活的保障，還是職涯中重要的考量之一。
- **產品與市場趨勢**：AI、元宇宙、Web3 等領域以驚人的速度改變世界，這是設計師在未來更可貢獻的方向。新公司是一個具全球視野的公司，提供了不一樣的挑戰。

選擇的背後總是夾雜著不安與期待。選擇加入一個符合自己職涯目標的公司，比單純尋找光環更為重要。我知道離開舒適圈，不一定會如我想的這麼完美，但我需要跳脫舒適圈、需要更大的挑戰、需要把自己放在不安全的位置才能成長。最可怕的是被世俗的想法框住，而忘了自己真正的選擇。

在副業方面，我開始希望能為設計工作者和整個產業做出貢獻。疫情開始時，我與在泰國工作的設計主管朋友搭上線，她在泰國 Agoda 擔任設計主管。因為我們都有設計管理的經驗，也開始累積領導的能力，所以我們開始交流並學習，並發現可以把這些對話錄成Podcast，分享給更多人，讓大家了解到設計軟實力的重要性。於是，我們成立了Product Design 1 on 1頻道，目標是提升設計師的職涯發展。

某一天，我們接到了一位同學的諮詢請求。他在英國被裁員，八個月來一直沒找到工作。我們約了一次線上聊天，這次的對話讓我深刻體會到，我們的小小諮詢也能對他人產生真正的幫助。當我們聽他傾訴自己的困惑和焦慮，並分享我們的建議和經驗時，他聲音哽咽，現階段的他非常迷茫和無助，我們只能默默在旁邊聆聽他的經歷，並適時給予鼓勵，他事後回信表達很感謝我們。這次的交流不僅僅是職業上的指導，更像是一次心理輔導，以前的我也不知道這短短的三十分鐘，可以帶給別人一點力量。

這些經歷讓我明白，除了工作，我還可以在其他方面發揮我的影響力。我希望在下一階段，無論面對多少挫折與挑戰，我都能保持三個準則——熱忱、謙遜與好奇心。這些人生準則將伴隨我前行，讓我不斷成長，迎接未來的每一個挑戰。

附錄／常見Q&A

工作中的迷茫與未來的職涯方向選擇

常常有學員問到這樣的問題：「我現在在一間新創公司做UI／UX設計，但我對公司的價值觀感到不太認同，總是覺得和自己的目標有些偏差。我應該換工作嗎？還是乾脆出國深造？」

或者有些人說：「我已經做了兩年行銷設計，想轉到UI／UX，但在這個轉換過程中碰到許多挫折，也開始懷疑這條路是否值得走下去。」

這類問題，我幾乎每次演講或諮詢都會聽到。其實，這反映了很多設計師在職涯早期的困惑。大家都在摸索：該怎麼選擇一條更符合自己價值觀的職涯路徑？如何在職涯中找到真正熱愛的方向？這些困惑也可能出現在那些已經累積一定行業經驗的人身上，他們可能覺得自己需要轉換跑道，但又缺乏門路和資源。不論你是哪一類型，我會建議大家從幾個角度來思考：

首先，評估自己的資源。每個人能運用的資源不一樣，如果家裡願意在你轉職的過程中提供支援，選擇回到學校進修或出國深造，無疑是一條不錯的路。如果家裡沒有太多的經濟支援，那麼或許可以考慮先在本地累積幾年的經驗與財力，再計畫出國深造。出國讀書不是唯一的解答，還要看你未來想在哪裡工作、想做什麼。例如，我有個學員對AR遊戲設計特別感興趣，那麼他可以針對HCI（人機互動）進行研究，或者探索哪些公司正在招募這方面的人才。先做足功課，了解哪些專業技能是目標公司所看重的。

其次，勇於試錯，保持彈性。在職涯初期，如果我們總是對各種選擇患得患失，等到工作五年後再來做決定會更加困難，因為那時候可能會有更多考量，例如家庭、感情、健康或已經累積的履歷等。因此，對於剛進入職場的朋友，我會鼓勵你們多嘗試，不要害怕犯錯。試錯的過程中，你會發現哪些東西真正吸引你，哪些則不。這些經驗和反思，都是未來成長的養分。

最後，謙虛與主動。成功轉職的設計師常常擁有這樣的特質：謙虛地承認自己不知道的東西，並主動尋求成長。他們不害怕自己問了所謂的「蠢問題」，也願意主動理解自己的不足，並且積極去彌補這些差距。這些小小的主動性和謙遜，常常會在職場上為你帶來意想不到的幫助。

AI是否要取代我了？

我們不該一味去想「我會不會被取代」，而是應該轉念去思考「我如何運用AI來加速我的工作流程」。AI的發展確實使一些重複性、低創造力的工作逐漸減少，可以預見未來會越來越少「單一工作性質」的職位。舉個例子：現在或許不再需要一百個人來畫插畫，但需要一位能夠帶領視覺方向、制定設計語言的設計師，這位設計師還要能運用AI模型，來訓練並定義出符合品牌或專案需求的視覺風格。

ＡＩ擅長的正是這種高效處理大量數據和執行重複任務的能力，因此，那些僅僅依賴技術執行、沒有創新和策略性思維的角色，確實有可能被取代。但我們的重點應該是如何站在ＡＩ這股浪潮上，利用它的優勢來放大我們的價值，而不是抵抗它的到來。

那麼，AI時代，設計師需要什麼技能？

一、能夠應用ＡＩ：這不僅僅是會使用ＡＩ工具，而是懂得如何整合這些工具來解決問題。例如，一個自媒體工作者可以利用ＡＩ，輔助內容創作、影片編輯到行銷策略的整個過程。他們不僅僅是設計師，還是善於整合各種資源的策劃者和指導者。

二、善於利用ＡＩ加速工作流程：ＡＩ的強大之處在於，加速從創意到實踐的整個過程。舉例來說，現在有了Claude AI和Cursor AI，許多創作者可以在不需要深刻理解程式碼的情況下開發出一個遊戲，甚至是讓八歲小孩製作出一個基於ChatGPT的對話應用程式。

這種轉變意味著我們需要擁有全新的思維方式。AI可以達到很多看似「魔法般」的成果，但並不代表所有工程師都會立刻被取代。相反地，如果你有著扎實的基礎和程式架構的知識，你就能更加靈活地使用AI，客製化你的解決方案。因此，未來的設計師和工程師，不僅要懂得創意和技術，還需要能夠整合AI工具，將其作為加速器，推動專案進展。

結論

AI時代，並不是所有人都會被取代，那些不懂得利用新工具和技術提升自己價值的人，才容易被淘汰。設計師需要更廣泛的技能來適應未來的挑戰，懂得如何整合AI的能力並將其應用在工作中，是一個非常重要的關鍵。如果你能夠用AI放大你的能力，成為一個能夠創造價值並推動變革的設計師，就不必擔心AI的到來。反之，AI會成為你職場中的得力助手，幫助你在職涯中走得更高、更遠。

疫情下的數位遊牧，是理想的工作模式嗎？

二〇二〇年底，我成功申請到回台灣遠端工作，直到二〇二四年才再度轉回新加坡。這三年的遠端工作模式讓很多人羨慕不已——全遠端、為跨國公司工作、完全不用進辦公室，一年出差新加坡或東南亞幾次進行研究，聽起來根本是完美的工作模式。但是，這段期間我也觀察到了遠端工作的幾個挑戰和現實面：

一、溝通成本：全遠端工作意味著所有的合作都要在線上完成，無法面對面溝通。在完全遠端的環境下，這種狀況還不算明顯，因為大家都是用同樣的方式。但當部分同事開始回到辦公室，你會發現自己似乎有點「疏離」。有時候，Slack 上的訊息或視訊會議，無法取代轉頭就能討論的效率，這也需要我們花更多心力去經營彼此之間的關係。

二、只適合自律的人：我在 Threads 上看過一則貼文，一位遠端工作的外國人拿著酒杯在夏威夷打電話說：「我的會議開到下午，所以等等沒辦法跟大家開會。」這種情景可能讓人覺得遠端工作非常自由，但其實不然。遠端工作更適合那些清楚自己任務目標、擅長時間管理，並且能贏得團隊信任的人。如果無法做到這些，那麼遠端工作反而會成為劣勢，因為無法定期更新進度或總是不在狀況內的人，往往會在績效評估中被排在後面。自律是遠端工作的基石。

三、解讀空氣的能力：在遠端工作環境中，無法直觀地感受到現場的氛圍。這會導致同樣的話語在不同人眼中，產生不同的解讀。這時候就需要你具備更多的經驗和人際關係能力。經驗可以幫助你判斷什麼該說、什麼不該說；而良好的人際關係則可以在溝通卡住時幫你解圍。

四、辦公室與家的邊界感：剛回台灣時，我住在一個小的樓中樓裡，工作、吃飯、睡覺都在同一個空間。特別是在疫情大爆發的時候，這樣的零距離環境讓我一度失眠，好幾週都呈現精神耗弱的狀態，甚至想去找心理諮商師。後來我學會在家與工作之間創造邊界，例如去超商走動、騎腳踏車去買飯，經過幾週的調適，我才調適到最佳的遠端工作狀態。

五、混合辦公的好處：我認為最好的工作模式是「混合型辦公」：一週內有幾天去辦公室，將所有需要討論的會議濃縮在那幾天處理完；剩下的時間在家工作，專心做設計、文件處理等需要專注力的工作。這樣不僅減少了通勤時間，還能確保有足夠的機會和同事面對面交流。

什麼時候出國？如何找到適合的海外工作以及準備方向？

每個人都想尋求更大的舞台與挑戰，我也不例外。很多設計師都想知道如何在海外（如新加坡、歐洲等）找到適合的職位、如何獲得工作簽證，或如何提升自己的作品集與面試技巧以增加錄取機會。

二十四歲時，我順利拿到了ＵＸ設計師的工作職稱；二十八歲時，我心有不甘，帶著自己不完美的英文闖入了東南亞。這個過程讓我明白一個道理：沒有所謂的最佳時機，只有願意改變的自己。

許多人會等到「準備到一百分」才敢出發，但我建議大家把第一個小目標設定成「拿到入場券」。例如，面試就是你的第一個「出國門檻」。多跟前輩或已經在海外工作的人交流，了解他們的面試流程、文化差異以及需要注意的事項。多做準備、多練習，反覆自我檢討和改進。錄下自己的模擬面試，重播時看看哪裡有不足、哪些地方需要更具體或更有條理，這樣才能真正進步。

此外，在海外求職中，選擇適合的公司和國家也非常關鍵。比如，若你想朝著AR／VR或遊戲設計領域發展，技術研究的方向可以選擇申請HCI（人機互動）相關的研究所。而應用領域的話，你可以先了解哪些公司在招聘，研究他們需要什麼樣的技能和背景，對應自己的方向去進行強化。你也需要去看哪個國家或公司是AR／VR領域的龍頭，當成第一志願，上網去看它們的職缺，看看哪些人在那些公司上班，他們都在哪間學校或是公司任職過。這樣的研究不僅可以從別人的職涯軌跡看出一些端倪，也可以作為規劃下一階段的小技巧。

總之，重要的不是你何時出國，而是你有沒有準備好迎接改變，勇敢跨出第一步。

新商業周刊叢書BW0862

我28歲，領世界級薪水

從指考英文20分，到影響6億人日常生活的首席設計師

國家圖書館出版品預行編目(CIP)數據

我28歲,領世界級薪水：從指考英文20分,到影響6億人日常生活的首席設計師/曾韻如著. -- 初版. -- 臺北市：商周出版：英屬蓋曼群島商家庭傳媒股份有限公司城邦分公司發行, 2025.03
面；　公分. --(新商業周刊叢書；BW0862)
ISBN 978-626-390-433-0(平裝)

1.CST: 曾韻如 2.CST: 自傳

783.3886　　114000538

作　　者／曾韻如
編輯協力／JUJU內容整合工作室
責任編輯／鄭凱達
版　　權／吳亭儀
行銷業務／周佑潔、林秀津、林詩富、吳藝佳、吳淑華

總 編 輯／陳美靜
總 經 理／彭之琬
事業群總經理／黃淑貞
發 行 人／何飛鵬
法律顧問／元禾法律事務所　王子文律師
出　　版／商周出版　115020台北市南港區昆陽街16號4樓
電話：(02)2500-7008　傳真：(02)2500-7579
E-mail：bwp.service@cite.com.tw
發　　行／英屬蓋曼群島商家庭傳媒股份有限公司　城邦分公司
115020台北市南港區昆陽街16號8樓
讀者服務專線：0800-020-299　24小時傳真服務：(02)2517-0999
讀者服務信箱：service@readingclub.com.tw
劃撥帳號：19833503
戶名：書虫股份有限公司
香港發行所／城邦(香港)出版集團有限公司
香港九龍土瓜灣土瓜灣道86號順聯工業大廈6樓A室
電話：(852)2508-6231　傳真：(852)2578-9337
E-mail：hkcite@biznetvigator.com
馬新發行所／城邦(馬新)出版集團Cite (M) Sdn Bhd
41, Jalan Radin Anum, Bandar Baru Sri Petaling, 57000 Kuala Lumpur, Malaysia.
電話：(603)9056-3833　傳真：(603)9057-6622
E-mail：services@cite.my

線上讀者回函

封面設計／FE設計・葉馥儀　內文排版／無私設計・洪偉傑　印刷／鴻霖印刷傳媒股份有限公司
經 銷 商／聯合發行股份有限公司　電話：(02)2917-8022　傳真：(02) 2911-0053
地址：新北市231新店區寶橋路235巷6弄6號2樓

ISBN／978-626-390-433-0（紙本）　978-626-390-432-3（EPUB）
定價／430元（紙本）　300元（EPUB）

城邦讀書花園
www.cite.com.tw

2025年3月6日初版1刷